이석범의 탐라유사

제주 신화 2

차례
Contents

등장하는 신에 대한 간략한 소개

무조 잿부기 삼 형제 무당(심방)은 어떻게 생겨났을까? 잿부기 삼 형제는 그 무당의 원조 격인 신들인데 이름은 각각 본맹두·신맹두·살아삼축삼맹두다. 능력은 출중하나 집안이 가난하여 재 위에다 글씨를 쓰며 공부했다 해서 잿부기 삼 형제라 불렸다. 3,000선비에 의해 억울하게 죽은 어머니의 원수를 갚고 저승에 들어 무조(巫祖)가 되었다. 이들의 의해 최초로 무당이 된 이는 '유씨 부인'이다.

일문전 녹디셍인 집 안 곳곳에도 수호신들은 많다. 집의 중앙 현관을 지키는 신이 일문전 녹디셍인. 집 바깥에는 그의 아버지인 흐리멍덩한 남 선비가 주목지신으로 자리하고, 부억에는 어머니인 여산 부인이 조왕할망으로 버티고 있다. 이 가신(家神)들의 가호로 집안이 두루 평안해진다. 악랄한 의붓어미 '노일저대'는 변소의 신이 되었다.

강님 차사 죽을 때가 된 사람을 저승으로 잡아가는 이승 차사다. 천지왕의 아들이며 저승을 관장하는 대별왕을 오랏줄로 꽁꽁 묶을 정도로 강님은 대단한 힘과 지략의 소유자다. 탐욕스럽고 간악한 '과양생이'를 처단하는 문제로 이승과 저승을 오가고, '정명 삼십(三十)'이라는 저승 장적을 고쳐 3,000년이나 불법적(?)으로 살고 있던 장수(長壽)의 신 '명감사마니'도 결국은 강님 차사 손에 붙들리고 만다.

부신(富神) 칠성아기 일문전 녹디셍인이나 조왕할망 등 집 안팎 수호신들의 가호만으로는 뭔가 부족하다. 집 안에는 재물이 있어야 하고, 그 재물이 새어나가지 않도록 신들이 잘 지켜줘야 한다. 이 신직을 하얀 뱀의 모습을 한 칠성아기가 담당한다. 칠성제를 올려 태어난 칠성아기는 고방에 자리하는 부의 신이다.

할로영산 궤네깃도 할로영산은 그리스 신화의 올림포스 산과 비슷한 영산(靈山)이다. 천지왕은 할로영산 꼭대기에 '땅의 하늘궁전'을 세우고, 1년에 한 번씩 1만 8,000 모든 신을 이 장소에 집결토록 계획한다. 천지왕은 이 많은 신을 초빙하는 역할을 할로영산 영웅이며 수호신인 궤네깃도에게 맡

긴다. 궤네깃도는 천지왕의 후손 격인 소천국의 여섯째 아들로서, 강성한 대제국인 강남 천자국의 난리를 평정한 후 할로영산으로 돌아와 할로영산의 수호신이 되었다.

무조 잿부기 삼 형제

신들의 대리자

천지왕이 세상을 연 후, 소별왕은 이승을 다스리고 대별왕은 저승을 다스렸다. 그사이 산육신(産育神) 삼승할망과 주화(呪花)를 관장하는 꽃감관 할락궁이, 전상 차지 가믄장아기, 농경신 자청비 등 여러 신이 생겨났으며, 바다는 용왕들이 지배하고 있었다.

소별왕이 다스리는 이승은 사람들로 북적이고, 북적이는 만큼 기쁨보다 슬픔이, 행복보다 불행이, 건강함보다 질병이 더 많아지기 시작했다. 천지왕 등 여러 신은 세상 사람들의 하소연을 가능한 한 빨리 해결해주느라 너무나 바빴다. 때로 신들과 인간을 매개하고, 때로 신들을 대리할 수 있는 존재가 필요했다. 무당이 생겨나야 할 시기가 온 것이다.

천지왕은 하늘궁전 회의를 소집하고 무당이 필요함을 역설했다.

"무당의 일이란 결국 사람이 사느냐 죽느냐, 죽어 어디 가느냐 문제인고로 이번 일은 대별왕이 챙겨보도록 하라."

대별왕이 나서며 아뢴다.

"그리하겠습니다. 다만, 무당은 우리 신들의 대리자라 그 일이 긴요하고 복잡할 것이온즉 여러 명이 있어야 할 줄 아옵니다."

"그럼, 무조신은 셋으로 하자꾸나."

천지왕의 분부대로 무조는 셋을 두기로 했으나, 이름은 셋을 합쳐 '초공'이라 부르기로 했다.

대별왕이 하늘 아래를 살피니, 마침 황금산 도단 땅과 나용안동 금백산에서 갑자기 영채(靈彩)가 한 줄씩 솟구쳐 오르는 것이었다. 그것들은 곧 중천에서 하나로 합쳐졌다.

"상서롭구나. 저 두 땅의 인연으로 무조가 탄생하도록 하리라."

노가단풍 자지맹왕 아기씨

나용안동 금백산에 천하문장 천정국 대감과 지하문장 지정국 부인이 부부가 되어 살고 있었다. 논밭이 많고 고대광실에 비복들을 거느려 살림은 태평스러웠다. 오래도록 자식이 없음을 탄하다가, 50세에 황금산 도단 땅 상좌절에 올라 수륙을 드렸더니 과연 부인에 태기가 있었다. 달이 차자 태어난 걸 보니 아리따운 딸이었다.

때는 9, 10월, 이 산 저 산 줄기마다 단풍이 붉게 물들고 있었다. 그래서 아이 이름을 '이 산 줄이 벋고 저 산 줄이 벋어 왕대월석금하늘 노가단풍 자지맹왕 아기씨'라고 기다랗게 짓고, 부모가 부를 때는 '자지맹이'라 했다. 대감 부부의 각별한 사랑 속에 자지맹왕 아기씨는 한 살 두 살 잘 자라났다.

자지맹왕 아기씨가 열다섯 살이 되는 해, 대별왕은 일을 꾸미기 시작했다. 천정국 대감한테 천하공사 살러 오라는 분부를 내린 것이다. 때맞춰 지부사천왕도 지하문장 지정국 부인한테 지하공사 살러 오라는 분부를 내렸다.

"신들의 분부이시니 거역할 수도 없는 일이나, 다만 우리 외딸 자지맹이가 걱정이오."

"그러게 말입니다. 아들자식 같으면야 책실로라도 데려가지마는……."

지정국 부인은 대감 눈치를 보며 한숨을 내쉬었다. 아이를 잉태했을 때 부인은 청감주에 호박 안주를 먹는 꿈을 꾸었던 것이다.

'소주에 돼지고기 안주를 먹었어야 아들을 낳을 것을.'

부부는 한참 의논 끝에 자지맹왕 아기씨를 방 안에 가두어놓고 가기로 했다.

금법당을 지어놓고 일흔여덟 고무살창으로 둘러쌌다. 쥐도 새도 까딱할 수 없는 그 안에 딸아이를 들여놓고 부부는 단단히 자물쇠로 잠갔다. 그러고는 계집종 느진덕정하 님을 불러 당부했다.

"결코 문을 열어주지 말아라. 구멍으로 밥을 주고 구멍으로 옷을 주며 잘 지키고 보살피면, 공사(公事) 살고 와서 종 문서를 돌려주리라."

종 문서를 돌려준다는 말에 느진덕정하 님은 허리 굽혀 황송해했다.

"신명을 다해 아기씨를 보살펴, 하늘 같은 은혜 만분지 1이나 갚사오리다."

대감 부부는 집을 떠나 각각 하늘로 지하로 벼슬살이하러 갔다. 계집종 느진덕정하 님은 상전의 지시대로, 구멍으로 밥을 주고 구멍으로 옷을 주며 자지맹왕 아기씨를 잘 돌보았다.

황금산 도단 땅 주잣선생

이때, 황금산 도단 땅 상좌절에서는 젊은 스님 여럿이 글공부를 하고 있었다. 달이 휘영청 밝은 밤이면 젊은 스님들은 잠시 글공부를 멈추고 월색을 즐겼다.

"아, 저 달 참 곱기도 곱구나. 하지만 달이 아무리 곱기로 나용안동 금백산 노가단풍 자지맹왕 아기씨 얼굴보다 더 고우랴!"

한 스님이 말을 꺼내며 탄식했다. 자지맹왕 아기씨는 이 절에 수룩 드려 낳았던 터라 스님들도 아기씨의 소문을 잘 알고 있었다.

"자지맹왕 아기씨가 천하절색이라 한들 누가 직접 본 사람이 있어야 말이지."

다른 스님이 말을 받았다. 천정국 대감네는 늦게 얻은 자지맹이를 하도 소중히 해서 이제껏 집 밖에 내보낸 적이 없었던 것이다.

젊은 스님들이 나누는 이야기를 듣고, 상좌절 주지스님이 노안에 미소를 떠올리며 말했다.

"우리 절에 수룩 드려 낳은 자지맹이한테 가서 권재삼문 받아오는 자가 있으면, 절을 물려주리라."

대단한 현상(懸賞)이었다. 그러나 자지맹왕 아기씨는 지금

단단히 가두어져 있는 것을 아는 터라 누구도 선뜻 나서지 않았다. 서로들 얼굴을 두리번거리고 있을 때,

"제가 가오리다."

야무지게 일어서는 걸 보니 구석에 앉았던 젊은 스님이었다. 이 스님은 황금 땅 황한림의 아들로서 일찍이 불가에 입문하고 이 절에 와 공부하고 있었다. 불공부가 깊고 아는 것이 많아 다들 주잣선생이라 불렀다. 상좌절 늙은 주지스님은 평소 귀애하는 주잣선생이 나서자 더 기뻐했다.

주잣선생은 주지 대사의 금바랑과 철죽대를 얻어 든 후 송낙을 쓰고 나용안동 금백산으로 내려왔다. 천정국 대감 집 밖에 이르자, 잠시 집 안의 동정을 살피고는 허리를 굽혀 말한다.

"소승 뵈오."

계집종이 나왔다.

"스님이 우리 집에 어인 일이시오?"

"우리 법당에 원불수륙 드려 탄생한 아기씨가 원명(原命)이 부족한 듯하니, 원명을 잇고자 권재 받으러 왔소이다."

아기씨의 명과 복을 비는 일이라 계집종은 곧 보시쌀을 뜨고 대문 밖에 나와 드리려 했다. 그러나 주잣선생은 쌀을 받지 않았다. 아기씨 원명을 잇고자 하는 보시이니만큼 아기씨가 직접 떠다 주어야 한다는 것이다. 계집종은 아기씨가

직접 나올 수 없는 사정을 자세히 설명했다.

"만일 그 방문 자물쇠가 열린다면, 아기씨 손수 보시쌀을 내올 수 있는가? 아기씨한테 그걸 여쭤보시오."

느진덕정하 님이 그대로 전하자 아기씨가 웃으며 말한다.

"집 밖에서 이 방문을 열겠다고? 이상한 중이로구나. 아무튼 열어보기나 하라 해라."

아기씨의 승낙이 떨어지자 주잣선생은 요령을 들어 한 번 흔들었다. 요령 소리와 함께 아기씨 방의 살창이 요동을 했다. 두 번을 흔드니 단단히 잠긴 자물쇠가 요란하게 움직이고, 세 번을 흔들어대니 자물쇠가 저절로 설캉 열렸다.

"에그머니나!"

느진덕정하 님이 지켜보다가 놀라 소리를 지른다.

자지맹왕 아기씨는 하늘이 볼까 청너울을 둘러쓰고 사뿐사뿐 금법당 밖으로 나왔다. 느진덕정하 님을 따라 보시쌀을 직접 떠서는 주잣선생 가까이 다가갔다.

주잣선생은 한쪽 손은 장삼 소맷자락 속에 숨기고, 한쪽 손으로는 전대 귀 한쪽을 잡고, 한쪽 귀는 입으로 물어서,

"높이 들어 낮추 시르르 부으소서."

이상한 모양새로 보시쌀을 받으려 하니 아기씨가 그만 화가 났다.

"양반집에 못 댕길 중이로고나! 한쪽 손은 어딜 가고 전대

귀를 입으로 물었느냐?"

"한쪽 손은 하늘 옥황 단수육갑 짚으러 올라갔습니다."

아마 무슨 연유로 한 손을 잃었다는 뜻이겠지, 불쌍히 여긴 아기씨는 말없이 쌀을 전대에 부었다. 그때 주잣선생이 한 손을 슬쩍 비켜버리니 쌀은 땅바닥으로 흘러내렸다.

"한 방울이라도 모두 주워 넣어야 합니다. 그만큼 명이 짧아지니까."

자지맹왕 아기씨는 명이 짧아진다는 말에 할 수 없이 허리를 굽혀 쌀을 한 알 한 알 주워 담았다. 주잣선생은 기회를 놓치지 않고 소맷자락에 감추었던 손을 꺼내 아기씨 머리를 세 번 쓸어댔다. 아기씨는 엄마줌쩍 놀라며,

"무엄하고 괘씸한 중이로구나!"

소리를 지르고는 황급히 안으로 들어갔다.

"아기씨, 너무 야단치지 마옵소서. 언젠가 날 찾을 일이 있을 것이외다."

주잣선생은 싱글거리며 천정국 대감집을 떠났다.

아기씨가 방 안으로 돌아가 생각하니, 젊은 스님의 말이 필시 곡절이 있는 듯싶었다. 곧 계집종을 불러 스님을 붙잡고 무슨 증거물이라도 확보해두라고 했다.

느진덕정하 님은 얼른 달려가 주잣선생을 붙잡고, 고깔귀도 한쪽 끊어놓고 장삼 자락도 한쪽 끊어두었다.

"스님이 연 금법당 문은 도로 닫아두고 가시오."

주잣선생이 요령을 삼세 번 흔드니 또 한 차례 살창문과 자물쇠가 요동치다가 설캉 절로 잠겼다.

중의 아들 삼 형제가 소랑소랑

달포가 지나고 100일이 흘러갔다. 아기씨 육신엔 전에 없는 변화가 일기 시작했다. 밥에는 밥 냄새, 국에는 국 냄새, 물에는 개펄 냄새가 나서 음식을 못 먹는다.

"먹고저라, 먹고저라. 새콤새콤 연다래도 먹고저라. 달콤 새큼 오미자도 먹고저라."

음식은 아니 먹고 날마다 반 노랫조로 이렇게 불러댔다. 느진덕정하 님은 다래나 오미자 먹으면 아기씨 몸이 회복될까 하고, 깊은 산중에 들어가 고생고생하며 다래며 오미자를 따다 주었다. 아기씨는 한두 방울 먹더니 풀냄새가 나서 못 먹겠다고 내던지는 것이었다.

아기씨는 점점 배가 불러오고, 발이 동동 붓고, 목은 홍두 깨처럼 단단해져갔다. 그런데도 음식을 못 먹으니 죽을 지경이 아닌가. 이 일을 어쩌랴. 걱정하던 느진덕정하 님은 아무 튼 빨리 상전에게 알리지 않으면 안 되겠다고 생각했다.

느진덕정하 님은 금백산 정상에 올라가 하늘을 향해 소리
쳤다.

"아기씨가 사경에 이르렀습니다! 천하공사, 지하공사, 1년
에 마칠 일을 한 달에 마치고, 한 달에 마칠 일을 하루에 마
쳐서 어서 바삐 돌아옵서! 어서 바삐 돌아옵서! 어서 바삐
돌아옵서!"

계집종의 애소를 들은 대감 부부는 벼슬살이 기간을 다
채우지 못한 상태이지만 각각 천지왕과 지부사천왕에게 사
정을 아뢰고 집으로 돌아왔다.

금법당 잠긴 살창을 열어놓고 부모는 각각 방에 들어 자
지맹왕 아기씨의 현신문안을 기다렸다.

먼저 아버지한테 인사를 드려야 하는데 자지맹왕 아기씨
는 몹시 걱정이 되었다.

"느진덕정하 님아, 아버지한테 현신문안을 어떻게 드려야
하느냐?"

"남부친에 여자식이 엄하옵지요. 은장식에 분화장을 하고
풀 먹인 치마를 바싹 동여매고 인사를 드리십시오."

문안을 드리러 가자 아버지가 물었다.

"머리는 왜 맷방석이 됐느냐?"

"어머니 계실 적엔 하루 두세 번씩 머리를 빗겨주셨으나,
공사 가신 후에는 이틀에 한 번, 혹은 사흘에 한 번 빗어서

그렇습니다.”

“눈은 어찌 흘깃거리느냐?”

“아버지가 오시는가, 어머니가 오시는가. 온종일 살창 구
멍으로 내다보다보니 그렇게 됐습니다.”

“배는 왜 부룽배가 되었느냐?”

“부모님 계실 적엔 하루 한 홉 삼시였으나, 느진덕정하 님
이 종 문서를 돌려준다는 말에 삼시 한 되씩 밥을 먹여 그렇
게 됐습니다.”

“어린것이 부모 없이 고생이 많았구나. 이제 어머니한테
가서 문안드리거라.”

자지맹왕 아기씨는 느진덕정하 님이 시킨 대로 말을 하여
무사히 위기를 넘겼다.

어머니한테 인사는 걱정할 게 없었다.

“여모친에 여자식이 무슨 흉허물이 있겠습니까. 조인 치
마도 느슨히 풀어놓고 자작자작 걸어가십시오.”

그러나 어머니는 딸의 모습을 보더니 대번에 이상한 기미
를 알아챘다.

묻는 말에 아기씨가 이 핑계 저 핑계 대는 양을 물끄러미
보다가, 지정국 부인은 딸의 앞가슴을 활짝 풀어헤쳤다. 젖
꼭지가 검어졌고 젖줄이 검게 서 있지 않은가. 어머니는 펄
쩍 뛰었다.

"아이구, 이년아! 이게 무슨 변괴냐. 궁 안에도 바람이 들었느냐?"

어머니는 곧 은대야에 물을 떠다놓고 은젓가락 두 개를 그 위에 걸쳐놓았다. 그러고는 딸자식을 그 위에 앉혀 은대야를 들여다보았다. 딸의 뱃속을 비춰보는 것이다. 아니나 다를까, 중의 아들 삼 형제가 소랑소랑 앉아 있는 게 아닌가.

정말로 큰일이 난 것이다. 사색이 된 부인은 곧 대감께 사실을 알렸다.

천정국 대감의 벽력같은 호령이 떨어졌다. 앞밭에 형틀을 걸어놓고 아기씨를 죽이려 하니, 느진덕정하 님이 달려들어,

"아기씨가 무슨 죄 있습니까? 다 제 잘못이오니 저를 대신 죽여주십시오!"

눈물을 평평 흘리며 몸부림쳤다.

극도로 화가 치민 천정국 대감이 그럼 이 종년이라도 죽여야겠다고 호령하면 자지맹왕 아기씨가 달려들며,

"느진덕정하 님이 무슨 죄 있겠습니까? 모두 제 탓이오니 저를 죽여주십시오!"

역시 눈물을 평평 흘리며 애원을 했다.

천정국 대감은 이러지도 못하고 저러지도 못했다. 딸 하나 죽이려다 뱃속에 든 아기들까지 자칫 다섯 목숨을 앗아야 할 판이었다. 그러다 문득 이런 생각이 드는 것이었다.

'어쨌든 이 일은 황금산의 조화인 것을.'

누구의 죄도 물을 수 없는 노릇이었다. 그렇다고 집에 두지도 못할 일, 할 수 없이 딸과 계집종을 함께 내쫓기로 했다.

노가단풍 자지맹왕 아기씨와 느진덕정하 님은 염주 같은 눈물을 흘리며, 한두 살 적부터 입던 옷들을 거두설러 떠날 채비를 했다.

"아버지, 평안히 살고 계십시오. 전생팔자 좋게 나를 낳았던 어머니, 부디 편안히 살암십서."

눈물로 인사하고 떠나려 하니, 천정국 대감은 검은 암소를 내주며 "입던 옷이나 싣고 가라"고 했다. 두 사람은 검은 암소에 의복 등을 싣고 길을 떠났다. 어머니는 금부채를 쥐여주며 "무슨 일이 생기면 이걸로 다리를 놓아 넘어가라"고 말했다.

황금산 도단 땅을 찾아서

어디로 갈 것인가. 아기씨와 느진덕정하 님은 그저 막막하기만 했다. 몇 발짝 가지도 않아 느진덕정하 님이 서글프게 타령을 읊는다.

"검은 암소도 암컷이로다. 느진덕정하 님도 암컷이로다. 아기씨도 암컷이로다. 세 암컷이 문밖 멀리 나아가니, 내 갈 길이 어딜런고. 발 가는 양, 해 지는 양 어서어서 나고 가자아."

어쨌든 그 젊은 스님 주잣선생이 산다는 황금산 도단 땅을 찾아가야 할 것이었다. 느진덕정하 님이 앞에 서고 아기씨가 뒤에 서서, 얼렁떨렁 소를 몰며 남해산도 넘어가고 북해산도 넘어갔다.

가다보니 동산 마른 억새숲에 불이 활활 붙고 있었다.

"느진덕정하 님아, 저건 어떤 불이냐?"

"아기씨, 저 불은 아기씨 아버님, 어머님 가슴에 붙은 불넋이 타오르는 것입니다."

자지맹왕 아기씨는 그 말을 듣고 다시 서럽게 울었다.

좀 더 가다보니 구렁에 찬 물이 동산을 향해 거슬러 흘러 오르고 있었다.

"느진덕정하 님아, 저 물은 왜 거꾸로 흐르느냐?"

"저 거스른 물은 부모 자식이 생이별하여 이치를 거슬렀기에 그리된 것입니다."

아기씨의 눈물은 마를 새가 없었다.

자지맹왕 아기씨와 느진덕정하 님은 이 말 저 말 나누며 하염없이 걸었다. 한참 가다보니 산이 하나 있었다. 산 위에 올라 시원히 바람이나 쐬고 가기로 했다.

"느진덕정하 님아, 이 산 이름을 아느냐?"

"이 산은 건지산이라 하옵니다."

"그럼 이제 머리를 올려다오. 세 가닥 땋은 머리 등에 지고 애를 배다니……. 내 보기도 싫구나."

느진덕정하 님은 아기씨의 땋아 늘인 머리를 걷어 올려 건지머리를 해주었다. 이 결발(結髮)로 아기씨는 성인이 된 것이다.

산과 내를 건너자 바다들이 펼쳐지기 시작한다. 청수와당(바다)에 당도하니 수삼천 리 바닷길이 아득하였다. 아기씨는 문득 어머니 지정국 부인이 준 금부채가 생각났다.

'무슨 일이 있으면 이 금부채를 사용하거라.'

아기씨가 금부채를 부치자 바닷길이 쩍 갈라진다. 검은 암소·느진덕정하 님·자지맹왕 아기씨가 나란히 그 바닷길을 바삐 건넜다. 그렇게 청수와당을 지나자 얼마 없어 또 흑수와당이 가로막는다. 아기씨는 금부채를 다시 부쳤다. 바닷길이 열리긴 열렸으나 아까보다 반쯤 좁아진 길이었다. 그 바닷길로 바삐 건너자, 다시 적수와당이 눈앞에 가득 찼다. 그러나 이번엔 아무리 금부채를 부쳐도 적수와당은 꿈쩍도 하지 않았다. 이제 지나갈 도리가 없었다. 자지맹왕 아기씨와 느진덕정하 님은 마주앉아 대성통곡을 하기 시작했다.

울다가 울다가 둘이는 잠이 들었다. 한참 잠이 들었는데, 아기씨 꿈에 용궁 사자 거북이가 나타나 하는 말이,

"아기씨, 제 등에 올라타십시오. 수삼천 리 적수와당을 건네 드리겠습니다."

깜짝 놀라 깨어보니 과연 거북 한 마리가 옆에 엎드려 있는 것이었다. 그 거북 등에 검은 암소, 느진덕정하 님, 아기씨가 모두 올라탔다. 거북은 물살을 가르며 낙수와당을 활활하게 넘어갔다.

바다를 건네준 거북이는 떠나기 전에 개처럼 짖었다. 개 짖는 소리가 귀에 익었다. 느진덕정하 님이 달뜬 목소리로 말했다.

"아기씨, 저 거북이는 우리 집에서 키우다 죽은 그 개가 환생한 것인 듯합니다. 아기씨가 무척 사랑해주셨습지요."

자지맹왕 아기씨는 손을 들어 사라져가는 거북을 환송했다.

황금산 도단 땅이 어디인가. 바다를 건넌 일행은 다시 한참 걸었다. 걷다보니 울창한 대나무숲이 길을 가로막는다. 맥없이 주저앉아 가쁜 숨만 몰아쉬는데, 검은 암소가 보이지 않았다.

"느진덕정하 님아, 검은 암소 어디 갔느냐?"

"검은 암소는 너무 배가 고파 진즉에 기장밭에 들어가버

렸습니다."

"가엾은 생물이 나 때문에 먼먼 길을 오며 죄 없는 고생을 하는구나. 제 배나 채우게 그냥 두어라."

대나무숲을 힘들게 헤쳐 나가니 드디어 황금산 도단 땅이었다. 집과 절이 즐비하고 많은 사람이 웅성거렸다. 아기씨와 느진덕정하 님은 그중 가장 웅장한 절 문에 이르렀다.

이상한 일이었다. 절문을 바라보니 한쪽 귀가 없는 고깔과 한쪽 자락이 없는 장삼이 걸려 있지 않은가. 아기씨와 계집종은 한참 뚫어지게 들여다보았다. 지난번 머리를 쓸어 임신시킨 중의 고깔이요 장삼임이 틀림없었다. 황금산 도단 땅 상좌절이 바로 예 아닌가!

문은 열두 대문인데 인정 걸 마땅한 게 없었다. 노가단풍 자지맹왕 아기씨는 입고 있던 열두 폭 대홍단 치마를 복복 찢어서 열두 문에 인정 걸었다. 그러고는 느진덕정하 님의 8폭 치마를 네 폭씩 갈라입었다.

문들을 다 통과한 지 얼마 안 되어 안에서 주잣선생이 나왔다. 그때 그 스님이었다. 지금은 이 상좌절을 물려받아 주지 대사가 되어 있었다. 아기씨는 너무 기뻐서 눈물이 왈칵 쏟아졌다. 그러나 주잣선생은 아기씨를 반가이 맞아주지 않았다.

불도 땅으로 가 몸을 푸시오

주잣선생은 소사중을 시켜 찰벼를 세 동이 가져오도록 했다.

"한 알도 빼지 말고 이 벼를 손톱으로 다 까올리면, 부인 이 마음먹고 나를 찾아온 줄 알겠소."

아기씨와 느진덕정하 님은 다시 절문 밖에 나앉아 벼를 까기 시작했다. 손톱으로 까자 하니 손톱 아파 못 까고, 발톱 으로 까자 하니 발톱 아파 깔 수가 없다. 둘이 마주 앉아 한 참을 우는데 우는 것도 지쳐 문득 잠이 들었다.

얼마나 잤을까. "오조조조" 새소리가 잠결에 들려왔다. 벌 떡 깨고 보니 참새·부엉새·노념새·시념새 등 온갖 새가 모 여들어 벼를 쪼아 먹고 있지 않은가.

"이 새! 저 새!"

새들을 쫓아내자, 새들은 파르릉 달아나며 날개로 겨를 모조리 날렸다. 자세히 보니 새들은 벼를 쪼아 먹은 게 아니 라, 오골오골 다 까놓고 날아간 것이었다.

주잣선생은 그제야 인정을 해주었다.

"정성이 갸륵하오. 그러나 부처님 모신 중은 부부살림을 하는 법이 없소이다. 부인은 여기서 살 수 없으니, 시왕곱은 연찔로 불도 땅에 내려가 거기서 몸을 푸시오."

참으로 허망하고 원통한 노릇이었다. 그러나 어쩌랴. 아기씨는 시왕곱은연찔을 힘들게 통과하여 불도 땅으로 내려갔다. 느진덕정하 님의 도움으로 삼간 집을 지어놓고 몸 풀 준비를 마쳤다.

9월이 되었다. 초여드렛날 "아야 배여! 아야 배여!" 자지맹왕 아기씨의 산통이 시작되었다. 큰아들이 태어나려는 것이다.

큰아들 본맹두는 어머니의 아래쪽 음문으로 나오고 싶되, 아버지도 아니 보았던 길이라 어머니의 오른쪽 겨드랑이를 허위허위 뜯어 솟아나왔다.

열여드렛날, 둘째아들이 태어났다. 둘째아들 신맹두는 어머니의 아래쪽으로 나오고자 하되, 아버지도 아니 보았던 길일 뿐 아니라 형님도 아니 나왔던 길이다. 차마 그 길로 나올 수 없어, 왼쪽 겨드랑이를 허위허위 뜯어 솟아나왔다.

스무여드렛날, 막내아들이 태어났다. 막내아들 살아삼축 삼맹두도 어머니 아래쪽으로 나올 수 없었다. '어머니 가슴인들 얼마나 답답하랴.' 삼맹두는 어머니의 애달픈 가슴을 허위허위 뜯어 솟아나왔다.

자지맹왕 아기씨는 아기구덕에 세 아기를 한데 눕혀 키웠다.

"초여드레 본맹두도 웡이자랑, 열여드레 신맹두도 웡이자랑, 스무여드레 살아살축삼맹두도 윙이자랑, 자는 것은 글소리요 노는 것은 활소리라."

자장가 소리에 한두 살이 지나가고 대여섯 살이 되었다. 남의 집 아이들은 좋은 옷을 입고 활기차게 놀건만, 가난한 삼 형제는 옷이 남루하여 벗이 될 수 없었다. 더덕더덕 기운 누비바지 저고리를 입고 같이 놀려고 하면, "아비 없는 호래자식"이라 구박을 하는 것이었다. 삼 형제는 어머니한테 아버지를 찾아주십사고 애원했다. 어머니는 좀 더 자라면 찾을 수 있다고 위로할 수밖에 없었다.

잿부기 삼 형제

여덟 살, 서당에 갈 나이가 되었다. 동네방네 3,000명 아이들이 다 산천(山泉)서당에 가서 공부를 하는데, 삼 형제는 너무 가난하여 서당에 갈 수가 없었다. 어머니도 날품을 팔러 다니고, 느진덕정하 님도 이 마을 저 마을 다니며 일감을 얻어왔지만 겨우 입에 풀칠할 정도였다.

삼 형제는 의논 끝에 서당 선생님께 애원을 해보기로 했다. 서당 심부름꾼으로 써주면 어깨너머로나마 글공부를 하겠다는 것이다. 선생님은 가상한 일이라 하여 받아주었다.

맏형 본맹두는 선비들의 벼룻물 떠놓는 일을, 둘째 신맹두는 선생님 방의 재떨이 청소하는 일을, 막냇동생 살아삼축삼맹두는 선생님 방에 불 때는 일을 맡아 하게 되었다.

삼 형제는 부지런히 맡은 일을 하며 어깨너머로 글을 배웠다. 종이나 붓이 있을 리 없었다. 온돌 아궁이의 재를 모아놓고 손가락으로 글씨를 연습했다. 집에 돌아오면 삼 형제의 얼굴과 손에는 온통 재만 묻어 있었다. 그러나 글공부는 일취월장하여 서당에서 글도 장원이요, 활도 장원이었다. 3,000선비는 삼 형제를 '잿부기 삼 형제'라는 별명으로 불렀다. 재 위에서 공부했기 때문이다.

잿부기 삼 형제가 열다섯 살이 되는 해였다. 서당 선비들이 서울로 과거 보러 가게 되었다. 모두들 자신만만한 기개로 장도에 오를 채비를 하고 있었다. 삼 형제도 한번 과거나 보아봤으면 싶었으나, 입고 갈 옷도 없고 노자도 없었다. 그런데 마침 선생님으로부터 선비들의 짐꾼으로 따라가라는 지시가 내렸다.

삼 형제는 더덕더덕 기운 옷에 선비들의 짐을 지고 집을 나섰다. 과거 길은 멀었다. 처음은 가벼운 것 같던 짐이 갈수록 점점 무거워졌다. 땀으로 목욕하며 온 힘을 다 짜내 걷는데도,

"어서 걸어라! 빨리 걸어라!"

3,000선비의 발길이 올라오는 것이었다. 삼 형제는 염주 같은 눈물로 다리를 놓으며 서울로 서울로 걸었다.

서울이 거의 눈앞에 보일 무렵이었다. 3,000선비는 잿부기 삼 형제를 여기서 떨어뜨려두고 가자고 의견을 모았다. 만일 그대로 데리고 갔다가는 선비들은 낙방하고 잿부기 삼 형제가 급제할 우려가 있다는 것이다.

한 선비가 삼 형제에게 제의했다.

"너희들 노자도 없는 것 같은데, 배나뭇골 배 좌수의 집에 가서 배 3,000개만 따오면 우리가 한 개씩 먹고 3,000냥을 모아주겠다. 어떠하냐?"

듣던 중 반가운 말이었다.

"그리합시다."

3,000선비는 배나뭇골 배 좌수 집의 배나무 위에 삼 형제를 엉덩이 받아 올리며 발 받아 올리며 올려놓았다. 삼 형제는 부지런히 배를 따서 바짓가랑이 속에 담았다. 한참 동안 따놓으니 바짓가랑이가 가득했다. 밑을 내려다보니 배를 따서 내려오기를 기다리고 있는 줄 알았던 3,000선비는 한 사람도 없었다. 자기네를 떨어뜨리고 저들만 서울로 올라가버린 것을 그제야 알았다. 바짓가랑이에 배를 가득 담아놓은 삼 형제는 올라가지도 내려오지도 못한 채 배나무 위에서 울고 있었다.

하늘이 틔운 과거로다

이때 배 좌수는 이상한 꿈을 꾸었다. 배나무 위에 청룡·황룡·백룡이 얽히고 틀어져 있는 꿈이었다. 배 좌수는 얼른 바깥에 나와 배나무를 살펴보았다. 머리를 풀어헤친 어떤 총각놈 셋이 나무 위에서 울고 있지 않은가. 어둠 속에 자세히 보니 바짓가랑이에 배까지 가득 따 담고 있는 것이었다. 배 좌수는 무슨 곡절이 있음을 직감했다. 바짓가랑이의 배는 대님을 끌러 아래로 떨어뜨려두고 어서 내려오라고 타일렀다.

"우리 삼 형제 목숨은 끝이구나. 설운 어머니와도 이별이구나!"

배 좌수는 사실을 낱낱이 물어보고는 속으로 생각했다.

'이 삼 형제, 과거 틔울 운세로다.'

저녁밥을 지어 잘 먹이고, 삼 형제에게 돈 열 냥씩을 내주며 격려했다.

"어서 가서 과거를 보라."

삼 형제는 용기백배하여 서울로 올라갔다. 그러나 벌써 동서남대문이 꽉 잠겨 있었다. 삼 형제는 성안으로 들어갈 수 없어 안절부절못했다.

마침 문밖에 팥죽 파는 할머니가 있었다. 삼 형제는 기운을 차리기 위해 팥죽 한 그릇씩 사먹었다. 할머니는 삼 형제의 지나온 이력을 듣고는 예사 총각들이 아니라는 걸 알았다. 그러고는 한 가지 방법을 가르쳐주었다. 자기 손자가 지금 선비들의 벼룻물 떠놓는 일을 하고 있으니, 글을 지어주면 손자가 상시관에게 넘기도록 해주겠다는 것이다.

삼 형제는 허우덩싹 웃으면서, 먹전에 가서 먹을 사고 붓전에 가서 붓을 샀다. 종이를 펴놓고 맏형은 천지혼합(天地混合), 둘째형은 천지개벽(天地開闢), 막냇동생은 천지인황(天地人皇)이라 써서 할머니의 손자에게 넘겼다.

손자는 선비들의 벼루에 물을 떠놓다가, 돌에 시지(試紙)를 돌돌 말아 상시관을 향해 툭 던졌다. 돌은 상시관 무릎 앞에 떨어졌다. 상시관은 시지를 펴보고는 깜짝 놀랐다. 도무지 생인의 솜씨라고는 믿어지지 않는 놀라운 필치였던 것이다.

3,000선비의 글이 차례로 올라왔다. 상시관은 아무것도 눈에 차지 않았다. 글이 올라오는 대로 "낙방" "낙방" "낙방"이었다.

더 올라오는 글이 없자, 상시관은 아까 날려 왔던 시지를 펴올리며 소리쳤다.

"이것은 누구의 글이냐?"

아무도 대답이 없었다. 글 임자를 찾기 위해 상시관은 동분서주했다. 급기야 연추문까지 열고 바깥에서 찾고 보니 잿부기 삼 형제였다.

"잿부기 삼 형제 급제여!"

우레 같은 소리가 울려 퍼졌다. 큰아들 본맹두는 문선 급제요, 둘째 신맹두는 장원 급제요, 막내아들 살아삼축삼맹두는 팔도 도장원이었다. 삼 형제는 누비바지를 벗어던지고 관복으로 갈아입었다. 어사화·비사화를 머리에 꽂고 별련독교 쌍가마에 3만 관속 육방 하인을 거느리니 일월을 희롱하는 듯했다.

"이만하면 우리 어머니 얼마나 기뻐하시랴!"

잿부기 삼 형제가 급제하자 3,000선비들은 배가 아팠다. 의논 끝에 상시관에게 탄원을 하는 것이었다.

"중놈 아들 삼 형제는 급제 주고, 양반 자제는 왜 낙방시킵니까?"

"어찌 중의 자식인 줄 알겠느냐?"

"도임상(到任床)을 차려줘보옵소서. 알 도리 있으리다."

3,000선비 말대로 음식상을 잘 차려 내주었다. 과연 삼 형제는 고기를 먹지 않았다. 제육 안주는 먹는 척 밥상 밑으로 슬쩍슬쩍 숨기는 게 아닌가.

"잿부기 삼 형제, 과거 낙방!"

상시관의 한마디에 삼 형제는 관복을 벗어놓고 누비바지를 다시 입지 않을 수 없었다.

상시관은 3,000선비에게 과거 치를 구실을 만들어주느라, 활 잘 쏘는 자를 급제시키겠다는 영을 내렸다. 과녁은 연추문이었다. 3,000선비는 모두 죽을힘을 내 활을 쏘았으나 맞히는 자가 없었다.

잿부기 삼 형제가 다시 나섰다. 맏형 본맹두가 활을 잡으니 연추문이 요동을 하고, 둘째형 신맹두가 시위를 당기니 연추문이 열리고, 막냇동생 살아삼축삼맹두가 눈감은 채 쏘니 연추문이 왈그락착 자빠졌다. 상시관이 탄식한다.

"이는 하늘이 틔운 과거로다!"

잠시 후, 카랑카랑한 목소리가 성 안팎에 울려 퍼졌다.

"어명이오! 잿부기 삼 형제에게 청일산·흑일산·백일산을 내주라! 별련독교 쌍가마에 어사화·비사화·3만 관속 육방 하인을 내주라! 관노와 기생도 다 내주라!"

비비둥둥 비비둥둥…….

어머니가 얼마나 기뻐할 것인가! 삼 형제는 곧 어머니가 기다리는 집을 향해 발걸음을 재촉하였다.

3,000선비의 흉계

분이 가라앉지 않은 3,000선비는 다시 흉계를 꾸몄다. 잿부기 삼 형제의 어머니를 없애버리자는 것이었다. 삼 형제의 행차가 격식을 갖춰 내려오는 사이 3,000선비는 지름길로 앞질러 달려왔다.

노가단풍 아기씨의 계집종에게, 이리저리해서 삼 형제 과거만 무효시켜놓으면 종 문서를 돌려주겠다고 꾀었다. 느진 덕정하 님은 종 문서를 돌려준다는 말에 솔깃해졌다. 오래전 천하공사 지하공사 살고 오면 종 문서를 돌려준다던 천정국 대감의 말이 생각났던 것이다. 문서를 돌려받기는커녕 아기씨와 함께 내쫓기는 신세가 되지 않았던가. 그러고는 정작 주잣선생을 만나봤어도 불도 땅으로 내려와야 했고, 오늘도 내일도 이것저것 뼈 빠지게 일만 죽어라 해야 하는 신세였 다. 느진덕정하 님은 고민하다가 이것이 마지막 기회라 여기 고 3,000선비의 요구를 응낙했다.

느진덕정하 님은 노가단풍 자지맹왕 아기씨의 목을 명 주 전대로 묶어 3,000선비한테 인계했다. 3,000선비는 힘 을 합해 전대를 힘껏 잡아당긴 다음, 대별왕에게 등장 들어 아기씨를 삼천천제석궁 깊이 가두어달라고 했다. 대별왕은 3,000선비의 무도한 행위에 이맛살을 찌푸렸지만, 이미 죽 어버린 아기씨인지라 요구대로 할 수밖에 없었다. 그러고 나 서 3,000선비는 느진덕정하 님에게 머리를 풀어헤치고 상사 가 난 것처럼 아이고대고 울고 있으라 했다.

머지않아 잿부기 삼 형제의 행차가 당도했다.

"아이고 상전님아. 어머니는 죽어 앞뜰에 임시 묻어두었
는데, 과거를 한들 다 무슨 소용이리까?"

"어머니가 세상을 버리셨다고!"

삼 형제는 너무 놀라 입을 다물지 못했다. 그러고는 맥
이 탁 풀려버리고 말았다. 삼 형제가 똑같이 울부짖기 시작
한다.

"불쌍한 우리 어멍! 아방 없는 우리 삼 형제, 동냥글 배워
가며, 잿부기에 글씨 쓰며, 과거 급제해서, 어머니 기쁘게 해
드리려고, 비비등당 호사스런 행차, 어머니 보여드리려고 했
는데, 이제 급제를 하면 무슨 소용이고, 비비등당을 한들 누
가 볼 것인가!"

삼 형제는 한동안 울다가 주위에다 외쳤다.

"어사화·비사화·벌련독교·쌍가마·3만 관속 육방 하인,
관노며 기생이며 다 필요 없다! 다 돌아가라!"

돌아가는 행렬을 바라보며 3,000선비는 흡족한 미소를 지
었다.

삼 형제는 행전을 벗어 통두건으로 쓰고, 두루마기 벗어
왼쪽 어깨에 걸치고, 머쿠실낭 방장대를 짚어 아이고 아이고
울면서 어머니를 임시 매장했다는 곳으로 가보았다. 그러나
땅을 파보니 아무것도 없는 헛봉분이었다. 그제야 삼 형제는

이번 일도 3,000선비의 간계임을 알았다.

"아, 분하도다! 어찌해야 이놈 3,000선비를 복수할 수 있는가."

전생을 그르쳐야 하느니라

우선 어머니를 찾아야겠다고 나섰다. 그러나 어떻게 어머니를 찾을 것인가. 의논할 상대라곤 외가뿐이었다. 잿부기 삼 형제는 외할아버지 천정국 대감을 찾아가서 의논하는 게 좋겠다고 생각했다.

나용안동 금백산의 외할아버지를 찾아갔더니, 이제 등이 많이 굽은 할아버지는 먼저 돗자리를 깔아주며 앉으라고 했다. 심방(무당)이 굿을 하러 어느 집안에 가면, 먼저 신(神)자리라 해서 돗자리를 깔아주는 법은 여기서부터 생겨난 것이다.

삼 형제는 "어머니를 찾아주십사"고 애원했다. 외할아버지는,

"황금산 도단 땅의 주잣선생이 너희 아버지이니, 우선 아버지를 찾아가라."

하고 가르쳐주었다. 비로소 아버지가 누군지 알게 된 삼 형

제는 단숨에 황금산 도단 땅을 찾아갔다.

주잣선생은 아들들을 보자 반갑기는 했으나,

"내 자식들이 아니로다."

"어찌하면 자식인 줄 알겠습니까?"

"중의 자식은 상투 차는 법이 없으니, 대공단 고칼 들어 머리 삭발하고, 가사 송낙 굴장삼을 둘러입고, 부처님 전 삼배를 하여봐라."

주잣선생이 요구하는 대로 삼 형제가 머리 깎고 의복을 갖춘 후 배석자리 깔아 절 삼배를 하니,

"설운 아이들아, 내 자식이 분명하구나."

"어찌하면 어머니를 찾을 수 있겠습니까?"

"어머니를 찾으려면 전생팔자를 그르쳐야 하느니라."

전생팔자를 그르쳐야 찾는다 함은 무당이 되어야 한다는 뜻이었다.

"어떤 일이든 하겠습니다."

"처음에 날 찾아올 때 제일 먼저 무엇을 보았느냐?"

"하늘을 보았습니다."

"두 번째는 무엇을 보았느냐?"

"땅을 보았습니다."

"세 번째엔 무엇을 보았느냐?"

"올레문을 보고 왔습니다."

주잣선생은 이 말을 듣고 동그란 놋쇠에 '천지문(天地門)'
이라 새겨 점치는 기구인 천문을 만들어주었다. 그러고는 다
시 삼 형제더러 묻는 것이었다.

"설운 아이들아, 과거하고 올 때 첫째 무엇이 좋더냐?"

맏아들 본맹두가 말한다.

"도임상이 좋았습니다."

"큰아들일랑 굿 첫머리에 하는 초감제(初監祭) 상을 받아
보라."

"둘째는 무엇이 좋더냐?"

"벌련독교, 쌍가마가 좋았습니다."

"초감제 다음 제차인 초신맞이를 받아보라. 더욱 좋아질
것이다."

"막내는 무엇이 좋더냐?"

"남수화주, 적쾌자 등 관복이 좋았습니다."

"그럼, 막내 삼맹두는 시왕맞이 마련하라. 더욱 좋아질 것
이다."

이렇게 하여 여러 가지 굿을 마련했다. 주잣선생은 아들
들에게 과거 급제로 벼슬하여 호화롭게 차리고 먹고 하는
것보다, 무당이 되어 잘 차려입고 먹고 하는 것이 더욱 좋다
고 말했다.

그런 후, 아버지는 어머니를 찾는 방법을 가르쳐주었다.

어머니는 삼천천제석궁의 깊은 궁에 갇혀 있으니, 쇠가죽을 벗겨다 북을 만들고, 계속 북소리를 울리면 찾을 수가 있다는 것이다.

북·장구를 만들려면 너사메너도령들의 도움을 얻어야 했다. 아버지 주잣선생과 헤어진 삼 형제는 불도 땅으로 들어가 너사메너도령들을 만났다. 일가친척 없고 오갈 데 없는 그 도령들도 삼 형제였다. 잿부기 삼 형제와 너사메너도령 삼 형제 등 여섯은 서로 의형제를 맺기로 했다. 잿부기 삼 형제는 어머니 자지맹왕 아기씨가 입던 속옷을 가져왔다. 삼 형제와 너사메너도령들은 차례차례 왼쪽 가랑이로 들어가서 오른쪽 가랑이로 나왔다. 이렇게 하니, 한배에서 태어난 육 형제나 다름없이 된 것이다.

너사메너도령들은 깊은 산에 들어가 오동나무를 잘라다 북을 만들고, 쇠가죽을 벗겨 장구를 만들었다.

잿부기 삼 형제는 두이레 열나흘 동안 삼천천제석궁을 향해 이 북과 장구를 마구 울려대며 큰굿을 벌였다.

"설운 어머니, 깊은 궁 들었거든 얕은 궁으로 살려옵서!"

삼천천제석궁에서는 불도 땅에서 울리는 북과 장구 소리가 무엇 때문인가를 조사하게 되었다. 차사들이 조사한 사연을 대별왕에게 아뢰자 대별왕은,

"자식들의 지극한 효심이 하늘 깊은 곳까지 진동하는구나. 이제 때가 되었다."

즉시 노가단풍 자지맹왕 아기씨를 풀어주도록 했다.

어머니를 살려내온 삼 형제는 서강베포 땅에 큰 당을 지어 위쪽에 어머니를 모시고, 아래쪽엔 북·장구 등의 악기를 너사메너도령에게 지키도록 했다. 너사메너도령은 악기의 신이 된 것이다.

삼 형제는 이어서 대장간 신 동해바다 쇠철이를 불러와 여러 가지 기구를 만들게 했다. 쇠철이는 흰 모래로 본을 떠서 먼저 요령 등 점치는 기구를 만들고, 마지막으로 신칼인 시왕대반지를 만들었다. 하인 죽이는 칼은 다섯 자 칼이고, 중인 죽이는 칼은 서른다섯 자 칼이면 충분하며, 양반을 죽이는 칼은 일흔다섯 자 칼이어야 한다. 삼 형제는 우선 다섯 자 칼로 느진덕정하 님의 목을 쳤다. 가슴 아프지만 어쩔 수 없는 배신의 대가였다.

잿부기 삼 형제는 곧 신칼 시왕대반지를 들고 3,000선비에게 달려갔다. 좌우로 한 번씩 휘두르니 3,000선비의 모가지가 일시에 댕강댕강댕강 떨어졌다. 천추의 원수를 갚은 것이다.

이승의 일이 다 해결되자, 잿부기 삼 형제는 어머니를 하직하며 말했다.

"천문·요령·신칼 등 무점구와 북·장구 같은 악기는 절대로 팔지도 빌려주지도 말고 오직 물려주기만 하십시오."

신신당부한 잿부기 삼 형제는 저승을 향해 길을 떠났다. 저승에 들어가 삼시왕으로 자리 잡고 무조신이 되려는 것이었다.

최초의 무당 유씨 부인

잿부기 삼 형제가 저승길을 가는데, 삼거리에서 놀고 있는 한 아기씨를 발견했다. 아랫녘에 사는 유 정승의 딸인데 여섯 살쯤 되었다. 유 정승 아들은 자지맹왕 아기씨를 죽였던 3,000선비 중 하나였다.

유 정승 따님아기를 보자 잿부기 삼 형제는,

'이 아기씨도 양반집 종자이니 팔자를 그르쳐야 하겠구나.'

하고 엽전 여섯 푼을 주었다. 아기씨는 좋아라고 그것을 가지고 놀았다. 집에 엽전을 가지고 들어가면 부모님이 꾸중하리라 생각하고, 아기씨는 그것을 노둣돌 밑에 숨겨두었다.

일곱 살이 되자, 유 정승 따님아기는 앓아눕기 시작했다. 눈이 어두워지며 죽었다 살았다 하는 것이다. 병이 조금 나아지는가 했더니 열일곱 살이 되자, 다시 죽었다 살았다 한다. 스물일곱, 서른일곱, 마흔일곱에 죽었다 살았다 하며 쉰일곱, 예순일곱까지 여러 차례 죽을 고비를 넘기는 것이었다.

이게 무엇 때문일까. 유 정승 따님아기는 지난 일을 곰곰이 생각하다가, 여섯 살에 숨겨두었던 엽전을 찾아냈다. 그게 꼭 일흔일곱 살 되는 해였다. 엽전을 찾아 가지자 몸은 씻은 듯이 좋아지고, 세상 모든 일이 눈으로 보는 듯 영감으로 알아지기 시작했다.

하루는 집에 가만히 있는데, 자부장잣집 딸아기가 신병이 위독하여 죽어가는 것 같은 예감이 들었다. 유씨 부인(유 정승 따님아기)은 자부장잣집에 가보았다. 자부장자는 딸아기가 죽었다고 일곱 마디로 묶어놓고 울고 있었다.

유씨 부인은 혈맥을 짚어보더니,

"이 아기씨는 삼시왕에 걸렸으니, 소지나 올려 축원해보시지요."

라고 말했다. 말대로 했더니 과연 자부장자 딸아기가 생기 있게 살아나는 게 아닌가. 놀란 식구들한테 유씨 부인은,

"두 이레, 열나흘의 큰굿을 하면 완쾌되겠다."

하고 그날은 그냥 돌아왔다.

자부장잣집에서 곧 큰굿을 해주도록 전갈이 왔다. 그러

나 유씨 부인은 말은 해놓았지만 굿을 할 기구가 없었다. 수소문 끝에 서강베포 땅 자지맹왕 아기씨의 큰 당을 찾아 엎드려 절하고 그의 '신딸'이 되었다. 자지맹왕 아기씨는 천문·요령·신칼 등 무구와 너사메너도령이 지키는 북·장구·징 따위 무악기를 내주었다.

유씨 부인은 이들 기구들로 큰굿을 하여 최초의 강신무가 되었다. 그 후 유씨 부인은 무당으로 천하에 이름을 떨쳤다. 유씨 부인과 오누이 사이가 된 무조신 삼시왕은 가끔 서강베포 땅에 어머니를 뵈러 내려왔다. 그때마다 삼시왕은 유씨 부인의 큰굿을 함께 거들며 이승에 나뒹구는 숱한 원한과 고통을 보듬고 위무했다.

일문전 녹디셍인

집안 곳곳의 가신들

자청비가 농사신으로 정수남이가 목축신으로 좌정하게
된 뒤, 사람들은 이들 신의 도움으로 마소를 부려 농사를 지
으며 가족들과 화목한 나날을 보내게 되었다.

그러나 목축신 정수남이가 워낙 천방지축인지라, 방목하
는 마소들은 함부로 민가의 울타리 안에 들어와 이리저리
돌아다니며 어지럽히는 일이 잦았다. 사람들의 원성이 높아
지자 천지왕은 다시 골머리를 앓게 되었다. 곧 이승을 다스
리는 소별왕을 불러들였다.

"마소들이 함부로 인가에 들어가지 못하게 할 수는 없는 일이냐?"

소별왕은 곰곰이 생각하다가,

"집으로 들어가는 올레에 정낭을 설치하면 가할 줄 아옵니다."

"올레라……. 사람들이 집을 짓고 사는 모양을 들려주려무나."

"대개 삼간집을 짓고 사는데, 이 삼간집은 가운데 상방(마루)과 좌우에 구들방 겸 부엌을 갖추고 있습니다. 집 바깥에는 너른 마당에 마구간과 변소가 있고, 전체를 울타리로 둘러쳐서 다른 집과 경계를 삼습니다."

"그 집으로 들어가는 길목이 올레란 말이렷다?"

"그러하옵니다. 그 올레에 정낭을 설치해 대문 역할을 하도록 하면 마소의 침입을 막을 수 있겠습니다."

"어서 그리하도록 하라."

소별왕은 천지왕을 뵙고 나오면서 이 기회에 한 집안을 지켜주는 가신(家神)들을 마련하기로 했다. 마소와 도둑의 침입을 막기 위한 올레의 정낭신은 물론이려니와 삼간집 상방 입구의 앞문전신, 상방 뒤쪽의 뒷문전신, 부엌신, 집 전체의 오방(五方)을 지켜주는 오방토신, 그리고 변소를 지켜주는 신까지 두루두루 마련하여 한 가족의 평안을 도모하려는 것이다. 이들 가신들 중 주신(主神)은 삼간집 상방의 입구인 일문전(앞문전)으로 삼기로 했다.

소별왕은 이들 가신들 감을 찾기 위해 이승의 구석구석을 살피기 시작했다. 마침 남선 고을에 놀고먹기 좋아하는 남 선비가 있어 소별왕의 관심을 끌었다. 마소 등의 침입을 막기 위해 하루 종일 올레에 우두커니 서 있으려면 어딘가 변변찮고 허술한 구석이 있어야 하지 않겠는가. 그 생각에 소별왕은 절로 미소가 떠올랐다.

"가신들을 배출할 곳으로 저 남 선비 가문이면 족하리라."

놀고먹기 좋아하는 남 선비

남선 고을의 남 선비는 여산 부인과 부부가 되어 살았다. 놀고먹기 좋아하는 남 선비 때문에 살림은 궁한데 아들은 하나, 둘, 셋, 넷……, 일곱 형제나 태어났다. 아이들은 영리했으나 글공부는커녕 끼니나 겨우 때울 수 있을 따름이었다.

어느 해 대단한 흉년이 들자 남 선비 식구들은 딱 굶어죽기에 알맞았다. 여산 부인이 남편한테 애소했다.

"이래서는 살 수가 없습니다. 어디 가서 곡식이나 구해 와야 하지 않겠습니까?"

남 선비는 '곡식을 사오려면 돈이 있어야지……' 하는 표정이었다. 여산 부인은 마지막 패물을 처분한 돈을 내놓았다.

"이걸로 어서 곡식을 사오도록 하세요."

쌀을 살 밑천이 마련되자 남 선비는 곧 조그만 뗏목을 타고 남선 고을을 떠났다. 배는 바람 부는 대로 물결 이는 대로 흘러 흘러, 오동 나라 오동 고을에 닿았다.

오동 고을에는 노일저대라는 간악하기로 소문난 여인이 살고 있었다. 남 선비가 곡식을 사러 왔다는 소식을 듣고, 노일저대는 선창가로 부리나케 달려왔다. 남 선비의 돈을 긁어내려 해서다. 노일저대는 구슬 같은 목소리로 남 선비를 꼬였다.

"남 선비님, 곡식은 천천히 사시고, 우선 저하고 내기 장기나 두며 심심풀이 해보십시다."

"허, 내기 장기라……."

남 선비는 곱상하게 생긴 여인이 아양 떠는 게 싫지 않았다. 둘이는 장기판을 벌여놨다. 이리 두고 저리 두고 며칠을 두는데, 승부야 뻔한 노릇이었다. 오로지 그 일로 먹고사는 노일저대를 어찌 당하리요. 남 선비는 곡식 살 돈을 모조리 빼앗겼을 뿐만 아니라 타고 간 뗏목까지 내줘야 했다. 남 선비는 오도 가도 못 하는 가련한 신세가 돼버렸다.

비록 놀고먹기 좋아하는 남 선비이지만 허우대는 멀쩡하니 그것이 노일저대의 마음 한 자락을 붙든 모양이었다. 노일저대는 이 잘생긴 남자를 노리개로 곁에 둬서 뽕을 뽑기로 했다.

"나하고 같이 살면서 개들이나 쫓아주시구려."

남 선비는 어쩔 수 없이 노일저대를 첩으로 삼아, 그녀에게 끼니를 얻어먹기로 했다.

첩과의 새살림이 시작되었다. 간악한 첩이 남편을 잘 모실 리가 없다. 집이라곤 나무 돌쩌귀에 거적문을 단 수수깡 외기둥의 움막이었다. 이 집에서 남 선비는 노일저대가 끓여준 겨죽단지를 옆에 끼고 앉아,

"요 개야! 저 개야!"

개를 쫓으면서 소록소록 졸기만 하는 것이었다. 이런 생활을 계속하다보니 몇 해 안 가 아예 눈까지 멀어버렸다.

한편 남선 고을에서는 이제나 저제나 3년을 기다려도 남편이 돌아오질 않자 여산 부인의 수심이 날로 깊어갔다.

이제는 모두 자란 일곱 형제가 제각기 어머니에게 짚신을 만들어드렸다. 그러나 하룻저녁에 일곱 켤레 모두 닳아버리고 다음 날이면 어머니는 다시 맨발로 다니지 않는가. 일곱 형제 중 제일 영리한 막내 녹디셍인이 의문을 제기했다.

"혹시 우리 어머니가 밤행(외도)을 하시는 게 아닐까?"

그 말에 바짝 의심스러워진 형제들은 밤에 몰래 어머니 뒤를 따라가보았다. 숨어서 보았더니 여산 부인은 돌투성이 바닷가에 서서 줄에 큰 빗을 매달아 바다에 던지는 것이었다. 그러고는 합장하며 기도했다.

"죽었거든 머리털이라도 걸려 올라오라!"

잠시 후 여산 부인이 잡아당긴 줄에는 아무것도 걸려 있지 않았다. 남편이 바다에서 죽지는 않았다는 징표였다.

이처럼 어머니는 돌투성이 바닷가를 밤새 헤매며 큰 빗을 던지고 끌어 올리고 하느라 짚신 일곱 켤레를 다 헐리는 것이었다. 아버지에 대한 어머니의 애정을 확인한 형제들이 탄식하며 말했다.

"어머니, 저희가 아버지를 찾아가보겠습니다."

"너희 칠 형제가 배를 타고 가다가 물에 빠져 다 죽으면 누가 대를 이을 것이냐. 차라리 내가 가마."

어머니가 가느냐 아들들이 가느냐 한동안 옥신각신했으나 여산 부인의 고집을 꺾을 수는 없었다. 일곱 형제가 산에 들어가 모두 하나씩 나무 일곱 동을 잘라 왔다. 나무를 묶어 테우(뗏목)를 만들고 동남풍이 불 때를 기다려 배를 띄웠다.

노일저대 홀림에 들었구나

바람 부는 대로 물결 이는 대로 배는 흘러 흘러, 얼마 후 오동 나라 오동 고을에 닿을 수가 있었다.

여산 부인은 남편을 찾아 이리저리 헤맸으나 행방이 묘연했다. 정처 없이 어디론가 자꾸만 가다보니, 하루는 기장밭에서 새 쫓는 아이를 만날 수 있었다. 새를 쫓으며 노랫가락을 읊조리는데, 그 내용이 예사롭지 않았다.

후어 후어

요 새야 저 새야

약은 체하지 마라

잠자리 약은 깐에도

아이 맺은 그물에 들어

발 걸려 맴돌고 있구나

남 선비 약은 깐에도

오동 나라 노일저대 홀림에 들어

오도 가도 못하고 있구나

후어 후어

요 새야 저 새야

남 선비 약은 깐에도

오동 나라 노일저대 홀림에 들어

은 100냥은 녹아버리고

눈은 멀어버리고

낮엔 말똥불에 손 쪼이고

밤엔 쇠똥불에 등 쪼이고

거벅벅 먹으며 사는구나

요 새야 저 새야

약은 체하지 마라

후어 후어

여산 부인은 정신이 번쩍 들었다. 바람결에 자세히는 안 들렸으나 '남 선비' 소리만은 분명했던 것이다.

"애야, 아까 무슨 말을 했지?"

"저 아무 말도 안 했어요."

"아니, 아까 남 선비가 어떻다고 하지 않았어? 그 말을 해 달란 말이다."

"저 아무 말도 안 했단 말이에요."

"또 한 번 말해주면 내 영초(英綃) 댕기 하나 주마."

영초비단 댕기를 준다는 말에 새 쫓던 아이는 입이 헤벌 어졌다.

"무슨 말이냐 하면, '요 새야 저 새야, 너무 약은 체 말아라, 남 선비 약은 깐에도 노일저대 홀림에 들어, 겨죽단지 옆에 끼고 앉아, 이 개 저 개 하며 쫓고 있다'고 했어요."

"아이고 이 아이야, 그 남 선비가 어디 사느냐? 남 선비 사는 델 가르쳐다고!"

"요 재 넘어 가다보면, 나무 돌쩌귀에 거적문을 단 움막이 있어요."

여산 부인은 아이에게 영초 댕기를 달아주고 바삐 재를 넘어갔다. 가다보니 길가에서 수많은 한량들이 한데 모여 노닐고 있었다. 한량들 사이에선 웬 곱상한 여자가 오금춤을 추고 있었다. 대홍대단 홑단치마, 구슬동이 저고리에 왼손엔 은가락지 오른손에 금가락지를 낀 것이 한눈에 요부 같았다. 한량들은 박수를 치고 술잔을 들이키며 곱상한 여자의 오금춤을 즐겼다.

"허, 그년 허리하고는!"

"또 한 번 추어봐라."

여자는 망설임 없이 한 차례 더 오금춤을 추었다. 웃음소리들이 사방으로 퍼지고 술내가 진동했다.

'팔자 센 여자로구나.'

그러나 한가로이 구경할 수는 없었다. 남편이 사는 곳을 빨리 찾아야 했다. 계속해서 길을 가다보니 과연 나무 돌쩌귀에 거적문을 단 움막이 나타났다. 여산 부인은 움막 속을 들여다보며 말을 건넸다.

"지나는 손인데, 날이 저물어 부탁이니 하룻저녁 머물게
해주십시오."

"아이고, 부인님. 보다시피 우리 집은 너무 좁아 손님 재울
수 없습니다."

겨죽단지를 끼고 앉아 대답하는 이를 보니 분명 남편인
남 선비였다. 그러나 눈도 멀고 귀도 멀어 부인을 알아보지
못하는 것이었다.

"부엌이라도 좋으니 제발 하룻밤만 머물게 해주십시오."

자꾸 부탁하는 바람에 남 선비는 마지못해 허락을 했다.

여산 부인은 부엌에 들어가 솥을 열어보았다. 그간 얼마
나 쒀먹었는지 겨죽 찌꺼기가 바닥에 새까맣게 눌어붙어 있
었다. 기가 막힐 노릇이었다. 우선 밥부터 지어야겠다고 생
각했다.

여산 부인은 솥을 여러 차례 깨끗이 닦아놓고, 은옥미를
씻어 밥을 지었다. 상을 차려 남 선비에게 들여가니, 남 선비
는 첫술을 뜨고는 고개를 갸우뚱, 두 술을 뜨고는 눈물을 주
룩 흘리는 것이다.

"부인님, 나도 옛날에는 이런 밥을 먹어보았습니다! 지금
은 비록 이런 꼴로 삽니다만, 원래 이런 사람은 아닙니다. 남
선 고을 남 선비라고 합니다. 처자식 먹일 곡식을 사러 왔다

가 노일저대 홀림에 들어 이 지경이 되고 말았지요. 이젠 죽지도 살지도 못하는 처지입니다."

남 선비는 계속 흘러내리는 눈물을 닦을 생각도 못했다.

"남 선비님! 설운 서방님! 저를 모르겠습니까? 녹디생인의 어미입니다."

남 선비는 깜짝 놀랐다. 어두운 눈으로 더듬더듬 부인의 팔목을 잡았다.

"이게 웬일이오! 이게 웬일이오!"

두 사람은 팔을 붙들고 그저 눈물만 펑펑 쏟아낼 뿐이었다. 눈물이 그치자 남 선비와 여산 부인은 서로 끌어안고 지난 얘기를 나누기 시작했다.

여산 부인을 연못 속에 밀어 넣다

이윽고 노일저대가 겨 한 되를 치맛자락에 얻어 들고 들어왔다. 흐트러진 머리에 항글항글 들어오는 것이 아까 오금춤 추던 여자가 분명했다.

"이 죽일 놈아! 죽을 둥 살 둥 겨 한 되라도 빌어다가 배불리 먹이다보니, 기껏 지나가는 년들 끌어들여 껴안고 있는 것이냐."

"노일저대야, 욕만 해대지 말고 내 말을 들어보라. 여산 고을 큰부인이 나를 찾아왔단다."

노일저대가 누구인가. 그 말을 듣자마자 머릿속이 **빨리빨리** 움직인다. 헤헤 방 안으로 들어오더니,

"아이고, 형님. 오뉴월 한더위에 찾아오려고 얼마나 고생을 하셨습니까? 우선 시원히 목욕이나 하고 와서 저녁밥 해 먹고 놀아봅시다."

상냥한 말씨로 어리광을 부려가며 큰부인 대접을 하는 것이다. 여산 부인은 순진하게 받아들이고 노일저대를 따라 연못으로 목욕을 나갔다.

"형님, 어서 옷을 벗으세요. 제가 먼저 등에 물을 놓아드리겠습니다."

여산 부인은 적삼과 치마를 벗어놓고 엎드렸다. 노일저대는 옆에 서서 물을 한 줌 쥐고 등을 밀어주는 척하다가, 물속으로 와락 밀어버렸다. 감태 같은 머리가 물속에 흘러가 여산 부인은 수중고혼이 되고 말았다.

노일저대는 여산 부인의 옷으로 바꿔 입고 큰부인인 체하며 남 선비에게 돌아갔다.

"서방님, 노일저대 행실이 괘씸하길래, 연못에 와락 밀어 넣어두고 왔습니다."

"허허, 그년 잘 죽었다. 부인이 내 원수를 갚았구려. 자, 이

젠 우리 고향으로 돌아갑시다.”

우리 어머니가 아닙니다

남 선비와 노일저대는 배를 놓아 남선 고을로 향하였다.
배가 물마루를 넘어서니, 남 선비 아들 일곱 형제는 부모님
을 마중하여 선창가로 나왔다.

배가 선창에 닿았다. 아들들은 부모를 맞는 정성으로 각
각 제만큼씩 다리를 놓아갔다. 큰아들은 망건을 벗어 다리를
놓고, 둘째는 두루마기를 벗어 다리를 놓고, 셋째는 적삼을
벗어 다리를 놓고, 넷째는 고의를 벗어 다리를 놓고, 다섯째
는 행전을 벗어 다리를 놓고, 여섯째는 버선을 벗어 다리를
놓는다. 그런데 영리한 막내아들 녹디셍인은 칼날을 위로 세
워 다리를 놓는 것이 아닌가.

“어째서 부모님이 오시는데 칼날을 세워 다리를 놓느냐?”
이상히 생각한 큰형이 물었다.

“형님, 아버지는 우리 아버지가 틀림없습니다만, 어머니
는 우리 어머니 같지 않습니다.”

“그게 무슨 말이냐?”

“우리 어머니인지 아닌지는, 우선 배에서 내려 집을 찾아

가는 것을 보면 알 도리 있을 것입니다."

형들은 동생의 말대로 시험해보기로 하였다.

남 선비와 노일저대가 배에서 내리자, 부모 자식이 그간에 밀린 이야기들을 나누었다.

"아버지, 어머니, 어서 집으로 가십시다."

일부러 부모를 앞세우고 일곱 형제는 그 뒤를 따랐다. 눈이 멀어버린 남 선비는 길을 찾지 못했다. 노일저대가 앞장을 서서 집을 찾아가는데 그 또한 길을 알 리 없었다. 이 골목으로도 쑥 들어가려 하고 저 골목으로도 쑥 들어가려 하는 것이었다.

"어머니는 어째 벌써 길도 잊었습니까?"

"얘들아, 말도 말아라. 너희 아버지 찾아오느라고 하도 고생을 해서 머릿속이 헝클어졌다."

형제들은 확실히 석연치 않은 데가 있구나 생각했다. 겨우 집을 찾아 들어갔다.

녹디셍인이 또 형님들에게 말한다.

"이젠 우리 밥상을 차려놓는 것을 자세히 보십시오."

노일저대가 저녁을 하여 밥상을 보는데, 아버지한테 놓던 상은 자식에게, 자식에게 놓던 상은 아버지께 가는 등 뒤죽박죽이었다.

"어머니는 어째 밥상도 벌써 잊었습니까?"

"아이고 애들아, 너희 아버지 찾느라 너무 고생해서 정신이 다 나가버린 모양이구나."

형제들은 의심이 더욱 굳어졌다.

'우리 어머니는 어디서 무얼 하고 계실까?'

간악한 노일저대의 계략

그날부터 일곱 형제는 어머니 여산 부인을 그리워하며 눈물로 세월을 보냈다. 노일저대도 이 눈치를 알아차리고는 적이 걱정이 되었다. 이 아들들이 왈칵 일어서는 날에는 무슨 변을 당할지 모를 일이다. 어떻게 하든 이 아들들을 없애버리는 게 상책이다. 여기까지 생각이 미친 노일저대는 계략을 짜내기 시작했다.

어느 날 노일저대는 갑자기 배가 아프다며 방 네 귀를 팽팽 돌기 시작했다.

"아이구 배야! 나 죽는다!"

사경에 이른 듯이 비명을 질러대자, 아직도 노일저대를 여산 부인으로 아는 남 선비는 몹시 당황했다.

"야단났구나. 이를 어찌하면 좋으리!"

"절 살릴 마음이 있으십니까?"

"있다 뿐이겠소!"

"지금 밖에 나가면 대로변에 멱서리를 쓰고 앉은 문복쟁이가 있을 테니, 거기 가서 점이나 보아주십시오."

"그러리다."

남 선비가 점을 치러 지팡이를 짚고 바깥으로 나가니, 노일저대는 얼른 일어나 울타리를 뛰어넘고 지름길을 잡아 달려갔다. 대로변에 이르자 급히 멱서리를 써 얼굴을 가리고 점쟁이인 체하며 남 선비를 기다렸다. 얼마 후, 눈먼 남 선비가 지팡이 소리를 내며 다가왔다.

"빨리 문복 하나 보아주시오."

"어떤 문복입니까?"

"내 부인이 삽시에 신병이 일어나 사경에 이르렀소. 어떤 신령에 걸린 죄목이나 아닌지 짚어주시구려."

노일저대는 손가락을 오므렸다 폈다 하며 짚어보는 척하다가,

"선비님, 혹시 아들 일곱 형제 있습니까?"

"예, 있소."

"말씀드리기 뭣하오나, 그 일곱 형제의 간을 내어 먹어야 부인 신병에 좋으리다."

"원 저런…… 쯧쯧."

남 선비가 혀를 차며 집에 왔을 때, 노일저대가 이미 지름

길로 먼저 와 방 안을 뒹굴고 있었다.

"아이구 배야! 아이구 배야!"

신음소리가 더욱 요란한 것이 곧 죽어버릴 것만 같았다.

"점 보고 왔소."

"무, 무엇이라 합디까?"

"아들 일곱 형제 간을 내어 먹어야 신병이 낫겠다고 하는 구려."

"아니 여보, 그게 무슨 말입니까? 어찌 그럴 수 있습니까! 아이구, 배야! 나 죽는다!"

"그래도 부인이 병이 이리 깊은데……."

남 선비가 우물쭈물하자 노일저대는 다시 요구한다.

"한 번 더 밖에 나가보세요. 아까와 반대 방향으로 가다보면, 이번에 바구니를 둘러쓰고 앉은 문복쟁이가 있을 것입니다. 거기 가서 다시 물어봐주십시오. 아이구 배야!"

남 선비가 문을 나가니, 노일저대는 다시 울타리를 뛰어넘고 지름길로 달려가 바구니를 쓰고 앉아 있었다. 남 선비가 달려가서 문복 지어달라 부탁했다. 이번에도 점쟁이는 손가락을 오므렸다 폈다 하다가,

"아들 일곱 형제의 간을 내어 먹어야 신병에 좋으리다."

같은 소리를 하는 것이었다.

남 선비가 터벅터벅 집으로 돌아가는 걸 본 노일저대는

지름길로 달려와 더욱 죽어가는 체하고 있었다. 남 선비가 들어왔다.

"아이구 배야! 가니 무어라고 합디까?"

"역시 일곱 형제의 간을 내어 먹어야 좋겠다고 하오."

"이젠 할 수 없구나. 여보 서방님. 정 그렇거든 아들 일곱 형제 간을 내주십시오. 내 살아나서 한꺼번에 세 쌍둥이씩 세 번만 낳으면 아홉 형제가 될 터이니, 형제가 지금보다 더 불어나지 않겠습니까?"

남 선비는 부인의 말이 그럴싸했다. 부인만 살아 있다면 아들들이야 다시 낳으면 그뿐인 것. 남 선비는 식도를 꺼내 슬근슬근 갈기 시작했다.

영리한 녹디셍인

때마침 뒷집의 불쩍할망이 불을 빌리러 왔다가 이 광경을 목격했다.

"남 선비님, 어인 일로 칼을 가십니까?"

"우리 집 부인이 삽시에 신병이 나 사경에 이르렀소. 한 두 군데 문복을 하고 보니, 아들 일곱 형제의 간을 내어 먹어야 낫겠다 하지 않겠소. 그래서 아들들 간을 내려고 칼을 갑니다."

남 선비의 태연한 말을 듣고 불찍할망은 혼겁이 났다. 불빌리는 것도 잊은 채 밖으로 내달았다. 네거리에 이르러 보니 남 선비 아들 일곱 형제가 한데 모여 있었다.

"설운 아기들아, 이리들 오너라."

일곱 형제가 다가오자 불찍할망은 숨이 넘어갈 듯이 말했다.

"방금 너희 집에 다녀오는 길이다. 네 아버지는 너희들 일곱 형제의 간을 내려고 칼을 갈고 있더구나!"

사정을 전해 들은 일곱 형제는 대성통곡을 하기 시작했다.

"우린 악독한 다슴어멍(계모) 때문에 다 죽게 되었다!"

얼마나 울었을까. 울음에도 지쳐가자, 영리한 막냇동생 녹디셍인이 의견을 내놓았다.

"형님들, 이제 그만들 우세요. 제가 어떻게 하든 아버지가 가는 칼을 뺏어 오리다."

형들을 네거리에서 기다리게 하고 막냇동생 녹디셍인은 집으로 들어갔다. 역시 아버지는 칼을 슬근슬근 갈고 있었다.

"아버지, 어인 일로 손수 칼을 가십니까?"

"너희 어머니가 갑자기 죽을 지경에 이르렀구나. 몇 군데 문복을 하였더니, 너희 일곱 형제들 간을 내어 먹어야 낫겠다 하지 않겠느냐."

'정말 무심한 아비로다!'

하지만 녹디셍인은 전혀 내색하지 않고,

"그거 좋은 일입니다, 아버지. 마땅히 어머니 병을 고쳐야 하옵지요. 그런데 아버지, 아버지 손수 우리 일곱 형제 간을 내면 송장 일곱을 묻어야 할 게 아닙니까? 흙 한 삼태기씩만 덮어주려 해도 일곱 삼태기가 아닙니까?"

"그건 그렇구나마는……."

"그 칼을 이리 주십시오. 제가 형님들을 아야산 깊은 곳에 데리고 가서 여섯 형님 간을 내어 오겠습니다. 어머니가 먹어봐서 효과가 있거든, 그때 저 하나는 아버지 손으로 간을 내옵소서."

"듣고 보니, 그리하는 것도 좋겠구나."

남 선비가 갈던 칼을 내주니, 녹디셍인은 형님들을 데리고 눈물을 흘리며 아야산 깊은 곳으로 향하였다.

가다 가다 몸도 지치고 시장기에 몰린 일곱 형제는 길가에 털썩 주저앉았다가 깜박 잠이 들었다. 저승길을 가던 어머니 여산 부인이 아들들 꿈에 나타났다.

"설운 내 아기들아, 어서 눈을 떠보아라. 산중에서 노루 한 마리가 내려올 것이다. 그 노루를 붙잡아라."

'아, 어머니!'

일곱 형제들이 울부짖으며 눈을 번쩍 뜨고 보니, 과연 노루 한 마리가 뛰어 내려오고 있었다. 형제들은 와르르 몰려들어 그 노루를 잡고 금방 죽일 판으로 둘러쌌다. 노루는 당황하는 기색도 없이 차근차근 이야기했다.

"도련님들, 절 죽이지 마세요. 나 하나 죽어봐야 간은 하나뿐이지 않습니까. 제 뒤를 보면 산돼지 일곱 마리가 내려오고 있으니 그걸 잡으시오. 어미는 씨 전종할 것으로 남겨두고 새끼 여섯 마리를 잡아 간을 내어가면 될 게 아니겠습니까?"

듣고 보니 그럴듯하긴 했다.

"그게 정말이냐? 만일 거짓이면 용서하지 않으리!"

"제 몸에 어떤 표시를 해두면, 나중에라도 잡혀 응분의 죗값을 치를 수 있으리다."

노루는 역시 의연하게 제의했다. 일곱 형제들은 이 노루를 나중에라도 식별하기 위해 꼬리를 짤막하게 끊고, 형제들이 돌아가며 엉덩이며 잔등이를 때려 손자국을 남겼다. 그 후 노루의 몸뚱이는 아리롱다리롱 무늬가 생기고 꼬리가 짧아지게 되었다.

노루를 놓아주고 잠시 있으니 과연 산돼지 일곱 마리가 산 쪽에서 내려오는 것이었다. 노루 말대로 어미는 씨 전할 것으로 살려주고, 새끼 여섯 마리를 잡아 간을 내었다. 일곱 형제는 산돼지 간을 돌돌 싸서 마을로 돌아왔다.

네거리에 이르자 녹디셍인이 말했다.

"형님들일랑 동서남북중앙, 오방으로 벌려 서십시오. 대기해 있다가 내 큰 소리가 들리거든 왈칵 집 안으로 달려드십시오."

다슴어멍을 조심하십시오

녹디셍인은 형들을 집 주위에 둘러세운 후 산돼지 간을 들고 안으로 들어갔다. 노일저대는 여전히 "아이구 배야, 아이구 배야" 죽어가고 있었다.

"어머니, 이걸 잡숴보십시오. 여섯 형님들 간을 내어 왔습니다."

"아이고 아이고, 설운 아기야. 진짜 효자로구나. 하지만 중병 든 데 약 먹는 거 보는 법 아니다. 너는 밖에 나가 있거라."

녹디셍인은 바깥으로 나오면서 집게손가락에 침을 발라 창구멍을 뚫었다. 창구멍으로 노일저대의 거동을 살폈다. 아니나 다를까. 노일저대는 간 여섯 개를 먹는 체하며 자리 밑으로 소롱소롱 숨겨놓고, 그 피만 입술과 입가에 바르고 있었다. 녹디생인이 문을 열고 짓쳐들어갔다.

"어머니, 약 다 잡수셨습니까?"

"다 먹었다."

"어머니, 약 자시니 신병이 어떻습니까?"

"조금 나아 뵌다마는, 하나만 더 먹었으면 아주 활짝 나아질 듯하구나."

"어머니, 그러면 마지막으로 어머니 머리에 이나 잡아드리겠습니다."

"그 효심 고맙지만, 중병 든 데 이 잡는 법 아니다."

"대신 마지막으로 방 안이나 치워드리겠습니다."

"그건 또 무슨 말이냐? 중병 든 데에 방 안은 치우는 법 아니다."

"예라, 이 다슴어멍!"

녹디생인은 화를 벌컥 내며 노일저대에게 달려들어 쉰댓 자 머리를 잡아 좌우로 핑핑 돌리다 엎질러버렸다. 그러고는 자리 밑에 숨겨놓은 간 여섯 개를 한 손에 세 개씩 들고 지붕 높은 곳에 올라갔다.

"이 동네 어르신네! 저 동네 의붓자식들! 이것 보고 다슴 어멍 조심하십시오! 형님들, 어서 사방팔방 달려드십시오!"

큰소리로 외쳐댔다. 대기하고 있던 형들이 와라치라 달려들었다. 집 안이 발칵 뒤집혔다.

"이게 무슨 일인가?"

남 선비는 겁결에 올레로 내닫다가 거기에 걸려 있는 정낭에 목이 걸려 죽었다. 그래서 올레를 지키는 주목지신이 되었다.

노일저대는 형제들이 달려드는 바람에 바깥으로 내달을 수도 없어, 벽을 허위허위 뜯어 구멍을 내고 변소로 도망친 다음 쉰댓 자 머리털로 목을 매 죽었다. 그래서 노일저대는 변소의 신인 측도(厠道)부인이 된 것이다.

일곱 형제가 변소에 달려들어 다슴어멍 죽은 위에 다시 복수하려고 두 다리를 찢어발겨 드딜팡(용변 볼 때 디디는 납작돌)을 마련하고, 대가리는 끊어 돗도고리(돼지먹이통)를 마련하고, 머리털은 끊어 던지니 바다에 가 폐(해조류)가 되었다. 입은 끊어 던지니 바다의 솔치가 되고, 손톱 발톱은 끊어 던져 버리니 괴굼벗 돌굼벗이 되고, 배꼽은 끊어 던져 버리니 굼벵이가 되고, 하문과 항문을 끊어 던져 버리니 대전복 소전복이 되고, 육신은 폭폭 빻아서 바람에 날려 버리니 각다귀 모기가 되었다.

'이만하면 시원하다.'

죽은 어머니를 살려내다

분풀이를 해놓은 일곱 형제는 괴새들을 불러 타고 서천 꽃밭에 올라갔다. 이 꽃밭에 자라는 뼈살꽃·살살꽃·도환생 꽃 등 가지가지 꽃을 가져오려는 것이다. 일곱 형제가 꽃감 관 할락궁이한테 전후사정을 아뢰자, 꽃감관은 흔쾌히 도환 생꽃을 여러 송이 따다 주었다. 그 길로 다시 괴새를 타고 오 동 나라 오동 고을로 날아간 일곱 형제는 어머니 여산 부인 이 다슴어멍 노일저대에 떠밀려 빠져 죽은 연못으로 달려갔 다. 연못은 아무 일도 없었다는 듯 잔잔하기만 했다.

"소별왕이시여! 연못물이나 마르게 해주소서. 우리 어머 니 시체나 찾으리다."

일곱 형제가 간절히 축수를 올리니 소별왕이 알아들었다.

'과연 일곱 형제의 효심이 갸륵하고나. 이제 때가 되었다.'

소별왕이 명하자 삽시에 연못물이 잦아들었다. 바닥에 어 머니 뼈가 살그랑이 놓여 있었다. 녹디셍인과 형제들은 이 뼈 저 뼈 도리도리 모아 도환생꽃을 놓고 금봉채로 한번 후 려쳤다. 곧 어머니가 살아났다.

"아이고, 봄잠이라 오래도 잤구나!"

일곱 형제는 어머니 여산 부인을 얼싸안고 감격의 눈물을 흘렸다.

'어머니가 누웠던 자린들 내버리랴.'

일곱 형제는 어머니 뼈가 놓였던 자리의 흙을 주섬주섬 모아놓고 시루를 만들었다. 여섯 형제가 돌아가며 한 번씩 주먹으로 찍으니 여섯 구멍이 터지고, 녹디셍인이 불끈 힘을 내며 발뒤꿈치로 탁 찍으니 큰 구멍이 가운데 터졌다. 그 후 시루 구멍은 일곱 개 뚫리게 되었다.

따뜻한 부엌에 조왕할망으로 들어서십시오

어머니를 살려낸 일곱 형제는 배를 타고 집으로 돌아왔다.

'이제 나머지 신들을 앉힐 차례로다.'

소별왕이 녹디셍인의 입을 빌려 말한다.

"어머니, 춘하추동 사시절을 물속에서만 살았으니 몸인들 안 추울 리 있겠습니까? 이제부터 어머니는 하루 세 번 더운 불을 쬐며 음식을 받아먹을 수 있는 조왕할망(부엌신)으로 좌정하십시오."

어머니 여산 부인은 조왕할망으로 들어서게 하고, 일곱 형제는 집 안 오방에 각각 자기의 직분을 차지하며 신들이 되었다.

큰형은 동방청대장군, 둘째형은 서방백대장군, 셋째형은

남방적대장군, 넷째형은 북방흑대장군, 다섯째형은 중앙황대장군. 여섯째형은 뒤쪽 문신(門神)인 뒷문전, 마지막으로 영리한 녹디셍인은 일문전(앞쪽 문신)이 되어 들어섰다.

이후로 사람들은 명절·기일·제사 때 문전제를 지내고, 그 제상의 제물을 조금씩 떠서 지붕 위에 올린 후, 다시 조금씩 떠서 어머니신인 조왕에게 올리게 되었다. 또한 변소의 신인 측도부인과 조왕할망은 처첩 관계였기 때문에, 부엌과 변소는 마주 서면 좋지 않을 게 뻔했다. 부엌과 변소는 서로 멀어야 하고, 변소의 것은 돌 하나, 나무 막대기 하나라도 부엌으로 가져오면 좋지 못하다는 말은 이 때문에 생겨났다.

강님 차사

상마르를 비워두다

소별왕은 집안 구석구석을 지키는 가신(家神)들을 만들었지만 한 군데는 빼놓았다. 용마루의 가장 높은 곳, 상마르를 비워둔 것이다. 이곳으로는 죽음의 사자인 차사들이 드나들어야 한다.

'사람은 누구나 때 되면 죽는 것, 죽은 이후에는 저승을 다스리는 대별왕 형님께 그 넋을 보내드려야지.'

죽은 자의 넋을 안내할 차사는 대별왕으로부터 적패지(赤牌旨)를 받아 이승으로 온다. 적패지는 붉은 천으로 돼 있는

데 저승으로 가야 할 자의 이름이 흰색으로 씌어 있다.

차사는 남색바지에 백색 저고리에 자주색 행전을 차고 백릉버선에 미투리를 신고 있다. 머리에는 까만 쇠털 전립, 모시 겹두루마기 위에 남색 쾌자를 걸친다. 옆구리에는 붉은 오랏줄을 매달았으며, 옷고름에는 적패지를 단단히 묶고, 팔뚝에는 자신의 신분을 상징하는 석 자 오 치 팔찌걸이를 찬다. 가슴에는 용(勇) 자, 등에는 왕(王) 자가 새겨져 있고, 상여의 용두머리를 매어 끌고 갈 행자 베를 짊어졌다. 구리쇠 같은 팔뚝에, 삼각수염을 휘날리며, 부릅뜬 눈은 봉황의 눈매처럼 날카롭다.

차사는 적패지를 들고 그 마을 사람들의 생명을 관장하는 본향당신에게 가서 호적 장적을 맞춰본다. 죽을 때가 된 사람이 확실하면 그 사람의 집으로 찾아가는 것이다. 그러나 망자의 신심이 깊어 집 안의 신들이 지켜줄 경우 넋을 잡아가는 데 번거로움을 겪는다. 문 앞에는 일문전신이 있어 못 들어가고, 뒷문으로 들어가려 하면 뒷문전신, 부엌으로 들어가려면 조왕할망이 가로막는다.

그래서 차사는 지붕 상마르로 들어간다. 집을 지키는 신들이 많지만 상마르를 지키는 신은 없기에 차사가 상마르로 들어가면 막을 길이 없다. 일단 집 안에 들어서면 평소에 덕이 많아 가속을 지켜주던 조왕할망일지라도 어떻게 손을 쓰지 못한다. 차사가 한 발로 할망을 밟고 '죽을 자가 누운 방을 이르라'고 호통을 치면 아무리 조왕할망이라도 꼼짝없이 일러바치지 않을 수 없다.

차사는 죽을 자가 누운 방문을 활짝 열고 그 이름을 세 차례 부른다. 죽을 나이가 됐음을 선고하는 것이다. 초혼·이혼·삼혼……. 산 사람에게는 아무것도 안 들리지만 죽을 자의 귀에는 우레인 듯 벼락인 듯 어마어마하다. 세 번을 다 부르는 사이 몸은 차갑게 굳어지고, 영혼은 오래 깃들였던 몸을 떠나야 하는 것이다.

차사는 망자의 손을 오랏줄로 꽁꽁 묶고 발에는 족쇄를 채운다.

"차사님, 한 배만 늦여주십시오. 처자식 불러 앉혀 일러놓고 갈 말이 있습니다."

비정한 차사가 허용할 리 없다.

"행찻길이 바쁘니 어서 가자!"

오랏줄과 족쇄를 다시 옥죄면 손톱, 발톱에는 검은 피가 맺힌다.

"차사님, 마지막으로 냉수나 한 모금 마시고 가오리다."
해보지만 이 역시 허사다. 망자의 눈동자는 사색이 완연해진다.

망자는 차사를 따라 멀고 먼 저승길을 걸어 마침내 저승

문에 도착한다. 초군문·이군문·삼사도군문을 지나면 저승의 열두 대문이 나타난다. 죽은 자는 자기가 태어난 생갑(生甲)에 해당되는 지옥부터 시작하여 열 지옥과 두 대문을 더 돌아야 하는 것이다.

저승 열두 대문

첫 번째 문을 열면 제1지옥인 진강왕의 도산지옥이다. 이 지옥은 깊고 험한 물을 만난 사람들에게 다리를 놓아 건네준 공덕도 없고, 배고픈 자에게 밥을 준 공덕도 없는 죄인이 들어간다. 칼을 심어놓은 험한 산으로 돼 있어 그 위를 걸어 다녀야 한다.

제2지옥은 목마른 사람에게 물을 주거나 헐벗은 사람에게 옷을 준 공덕이 없는 자가 가는 화탕지옥이며, 소간왕이 관장하고 있다. 활활 타는 불로 가마솥에 물을 끓이면서 죄인을 들이쳤다 내쳤다 하는 형벌을 씌운다.

제3지옥은 손게왕이 관장하는데, 부모에 효심이 없고 가정에 화목하지 못하고 동네 어른을 존경하지 않은 죄인이 간다. 100년이고 1,000년이고 차가운 얼음 속에 갇혀 지내야 하는 한빙지옥이다.

제4지옥은 오간왕이 차지한 검수지옥. 함정에 빠진 사람을 그냥 둔 이, 길 막힌 사람에게 길 뚫어준 공덕을 못 쌓은 이들이 가는 곳이다. 나무가 다 시퍼런 칼로 돼 있어서 걸어갈 때마다 한 걸음에 살이 한 점씩 떨어진다.

제5지옥은 염여왕 차지다. 부모 조상 말에 불손한 대꾸를 한 자, 입으로 일가화목을 깨뜨린 자, 동네 어른을 박대한 자가 가는 곳으로 집게로 혀를 뽑아버리는 발설지옥이다.

제6지옥은 살인·강도·고문·도둑질한 자가 가는 곳인데, 우글거리는 독사·지네·독다귀 들이 죄인의 몸을 감아 물어뜯는 독사지옥으로 빙신왕이 관장한다.

제7지옥은 태산왕의 거해지옥. 돈을 듬뿍 받고도 나쁜 음식을 대접한 자, 쌀을 팔아도 되를 속여 적게 준 자가 가는 곳으로 큰 톱, 작은 톱으로 죄인의 열두 뼈를 썰어낸다.

제8지옥은 평등왕이 관장하는데, 이승살이 중 남의 등을 쳐 얻어낸 재물로 떵떵거리던 이들을, 쇠못을 빼곡하게 박은 침대에 눕혀 죄를 다스리는 철상지옥이다.

제9지옥은 도시왕의 풍도지옥은 살을 에는 바람이 부는 곳이다. 자기 남편 놓아두고 남의 남편 우러른 여자, 자기 아내 놔두고 남의 아내 넘본 남자가 가는 곳이다.

열 번째 제10지옥은 절룬왕이 차지한 흑감지옥. 낮도 깜깜 밤도 깜깜 아무것도 보이지 않는 지옥으로, 살았을 때 남

녀부접을 못해서 자식 하나 보지 못한 죄인을 벌준다.

그다음 열한 번째 대문을 열면 갈데없이 헤매는 영혼을 구원하는 어진 보살 지장왕이 있고, 열두 번째 대문에는 서천꽃밭의 생불대왕인 사라왕이 있어 열다섯 살 되기 전 죽은 어린 영혼을 다스린다.

이렇게 열 지옥과 지장왕·사라왕 등의 열두 대문을 다 지나면 좌두왕·우두왕이 앉았다가 공정하게 문적심사를 한다. 그다음에 동자판관이 있는데, 동자판관은 사자를 최후로 심판하는 존재다.

동자판관은 지은 죄가 많은 이들에겐 적합한 지옥으로 떨어뜨리고, 이승 살 때 선한 공덕을 쌓은 사람에겐 저승에 있는 극락마을인 상마을·중마을·하마을·줄렴당·말렴당·섹효산·노상데·죽성도·상시당 등의 여러 마을에서 살게 해준다. 그러나 망자가 원하면 이승에서 청나비·흑나비·줄진나비 등 나비 몸으로 환생시켜주기도 했다.

망자를 저승으로 인도하는 죽음의 사자들은 많지만, 대표적인 차사는 똑똑하고 용맹하여 대별왕도 오랏줄로 묶었다는 이승차사 강님이다.

강님은 어떻게 이승차사가 되었을까?

버무장자의 세 아들

옛날 동정국에 버무장자가 살았다. 풍경소리 울리는 기와집에 비복을 거느리며 살림이 유족했다. 아들을 낳다보니 하나, 둘, 셋, 넷……, 일곱 형제를 낳았다. 위로 네 형제는 사주팔자가 좋아 장가들어 잘살고, 밑으로 세 형제는 아직 어려 장가를 들이지 못하고 있었다.

그때 동개남절에 백발이 펄펄 날리는 80세의 노승이 대사로 있었다. 대사는 어느 날 자신의 사주를 짚어보았다. 딱 여든 살이 정명(正命)으로, 모레 사시가 되면 이 세상을 하직할 듯했다. 대사는 곧 상좌중을 불러 자세하게 지시했다.

"나는 곧 이 세상을 하직하게 될 것이다. 내가 죽거든 나무 1,000바리를 들여 화장해 금법당에 안치하고, 너는 동정국으로 내려가거라. 동정국에 버무장자의 아들 일곱 형제가 있느니라. 위로 네 형제는 각자 장가들어 잘살지만, 밑으로 삼 형제는 팔자가 기구하여 15세가 정명이다. 이 아이들 삼 형제를 우리 법당에 데려다 명과 복을 이어줘라. 그래서 너는 대사가 되고, 삼 형제는 소사로 삼아 우리 법당을 공양하여라."

과연 그날 사시가 되니 대사가 세상을 떠나는 것이었다. 상좌중은 대사의 유언대로 나무 1,000바리를 들여 화장시켜

금법당에 모셨다.

장례를 치른 상좌중은 곧 동정국으로 내려가 번화한 네거리에 이르렀다. 버무장자의 어린 아들 삼 형제가 팽나무 그늘에서 장기를 두고 있었다.

"얘들아, 너희들 관상을 보건대 열다섯 15세가 정명인 듯하구나."

이 한마디를 던지고, 상좌중은 어디론가 홀홀 가버렸다.

어린 삼 형제는 이 말을 듣자, 두던 장기를 던져두고 집으로 달려갔다.

"아버지, 어머니! 어찌 우리 삼 형제 명과 복을 짧게 낳으셨습니까?"

"그게 무슨 말이냐?"

사연을 들은 버무장자는 곧 하인들을 불러 그 중을 찾아오라 재촉하는데, 상좌중은 그럴 줄 알고 벌써 문밖에 당도해 있었다.

"소승 뵈옵니다."

"어느 절 스님이오?"

"동개남 은중절 상좌이옵니다."

"어찌하여 이곳에 당도하였소?"

"헌 절을 수리하기 위해 권재 받으러 내려섰습니다."

"듣자 하니 스님이 우리 아들 삼 형제한테 정명이 15세라 말했다면서요?"

"그러하외다."

"남의 자식 명과 복이 떨어질 줄을 알면, 명과 복을 이을 방법도 아시지 않겠소?"

"물론이외다. 이 아이들 삼 형제가 중의 차림새를 하고, 우리 법당에 와 연 3년 법당공양을 한다면 명과 복이 이어질 듯합니다."

장잣집 자식들이 중이 되어야 한다니……. 그러나 버무장자는 곰곰이 따져보았다. 양반 체면이고 뭐고 죽음과 삶이 맞서랴 하는 생각이 들었다. 중으로 보내더라도 목숨만은 살려놓고 보자 했다.

버무장자는 아들 삼 형제를 불러놓고 우선 머리를 박박 깎았다. 장삼을 입히고 가사를 걸쳐놓았다. 염주와 목탁을 쥐여서 마당에 내세우니 중의 모습이 완연했다. 버무장자는 아들들을 떠나보내려 하니 기가 막혔지만 어쩔 수 없었다. 급히 비단 스무 필을 마련해 삼 형제에 딸려 보내기로 했다. 목이 메어 말이 나오지 않아 버무장자 부부는 손짓으로 어서 가라고 했다. 삼 형제는 염주 같은 눈물을 흘리며,

"아버지, 어머니! 무슨 날에 우리 삼 형제를 낳아 명과 복을 이리 짧게 하셨습니까. 아버지, 안녕히 계십시오. 어머니, 안녕히 계십시오."

부모 형제를 작별한 삼 형제는 상좌중을 따라 동개남절로 올라갔다. 가는 날부터 삼 형제는 목욕재계하고 불공을 드리기 시작했다. 부디 명을 잇게 해줍소사. 부디 명을 잇게 해줍소사.

과양 땅을 조심하라

달이 가고 해가 가고 3년이란 세월이 흘렀다. 삼 형제는 이제 중의 형색이 완연했다. 법방 안에서만 꼬박 3년을 보낸 삼 형제는 바깥바람도 쐴 겸 부모님을 찾아뵙기로 했다. 대사는 선선히 허락해주었다.

"하지만 집에 가는 도중, 과양 땅을 지날 때 특히 조심해야 하느니라. 만일 방심하다간 3년간의 법당공양이 자칫 허사가 될 우려가 있느니."

대사가 내주는 비단 아홉 필과 값진 그릇들을 짊어지고 삼 형제는 절을 떠났다. 오랜만에 가보는 고향, 동정국으로 향하는 발걸음은 가벼웠다. 삼 형제는 부푼 가슴을 누르며 걸음을 재촉했다. 과양 땅이 눈앞에 보였다.

그런데 이상한 일이었다. 과양 땅에 들어서면서부터 갑자기 시장기가 일어나는 것이다. 앞으로 한 발짝 나아간다 싶으면 뒤로 두 발짝 처지곤 했다. 도저히 더 걸을 수가 없었다. 삼 형제는 노변에 앉아 한참 허기에 울다가 의논을 했다. 등에 진 비단을 어느 집에 갖다 주고, 식은 밥이라도 얻어먹고 가는 게 낫지 않겠느냐는 것이다. 배가 이리 고픈데 비단이 다 무엇이랴. 길 건너 기와집이 부잣집 같아서, 먼저 이 집에 들어가보기로 했다. 공교롭게도 이 집이 바로 과양생이의 집이었는데, 과양생이는 간특하기로 소문난 여자였다.

큰형이 먼저 과양생이의 집 문간으로 들어서면서 인사를 했다.

"소승 뵈옵니다."

과양생이는 이마에 팔을 얹고 누웠다가 '소승' 소리에 와들랑 일어나며,

"괘씸한 중놈, 천한 것이 양반집을 몰라 왔구나. 수별감아, 어서 나가 저 중놈 귀 잡아 엎어놓고 멍석말이나 해라."

큰형이 욕을 보고 나왔다. 다음 둘째형이 들어가 역시 멍석말이를 당해 나오고, 마지막에 막냇동생이 들어갔다.

과양생이는 이번엔 생각이 좀 달라졌다.

"호, 이게 무슨 노릇인고? 중이 연거푸 셋씩이나 오다니. 무슨 일이 되자는 건가. 말자는 건가?"

이 말 끝에 막냇동생은 애원하듯 말했다.

"너무 그리 마옵소서. 우리도 본래 중이 아니외다. 원명이 짧다 하여 동개남절에 가서 명과 복을 이어오는 길이온데, 시장기가 한이 없어 식은 밥이라도 얻어먹으려고 댁에 들렀습니다."

과양생이는 뭔가 예삿일은 아닌 성싶었다. 곧 부엌으로 가더니, 개밥 주는 바가지에 식은 밥을 물 말아 내주었다. 삼 형제는 부엌문 앞에 앉아 두세 술씩 나눠 먹으니, 눈이 배롱해지고 산도 넘고저라 물도 넘고저라 했다.

"남의 음식 공으로 먹어 목 걸리는 법이니, 비단 아홉 자만 끊어 밥값으로 들여두고 가자."

큰형의 의견에 따라 아홉 자를 끊어 과양생이한테 가져갔다. 과양생이는 비단을 보고 눈이 휘둥그레졌다.

'흠, 역시 예삿일이 아니로구나.'

과양생이는 얼른 안으로 들어가더니, 청너울을 쓰고 공손히 걸어 나왔다.

"마음씨 좋은 도련님들, 어서어서 들어오소서. 우리 사랑방에서 아픈 다리나 쉬었다가 내일 떠나는 게 어떠하옵니까?"

따뜻한 영접에 삼 형제는 그만 사랑방에서 피로라도 풀고 가고 싶어졌다. 과양 땅을 조심하라는 대사의 말은 잊고 말았던 것이다.

잠시 쉬노라니, 과양생이는 주안상을 직접 차려들고 들어왔다. 귀한 약주와 제육안주를 먹음직하게 차려놓았다.

"이 술 드세요. 한 잔을 먹으며 천 년을 살고, 두 잔을 먹으며 만 년을 산답니다, 호호."

간드러진 음성으로 술을 권하며 원명 짧은 삼 형제에게 덕담을 하자, 삼 형제는 그예 서너 잔씩 마셔버렸다. 술기가 금세 돌아 삼 형제는 동으로 비실 서로 비실 쓰러지더니, 머리 간 데 발 가고 발 간 데 머리 가서 깊은 잠이 들어버렸다.

과양생이는 이때를 놓칠세라, 얼른 광으로 달려가 오래 묵은 참기름을 꺼내왔다. 청동 화롯불에 기름을 올려놓고 오송오송 끓여다가, 삼 형제의 왼쪽 귀로부터 오른쪽 귀로 소로록 부어넣었다. 삼 형제는 구름 산에 얼음 녹듯 어머니 아버지 말도 못 하고 죽어버렸다.

"귀한 물건들이로구나!"

과양생이는 삼 형제의 짐에서 비단이며 그릇들을 모두 풀어내어 궤짝에다 단단히 들여놓았다.

그날 밤 고양이 잠잘 때쯤 되니, 과양생이는 주정뱅이 남편과 함께 시체를 처리하러 나섰다. 주정뱅이 남편은 양어깨 하나씩 둘을 둘러메고, 과양생이는 한 어깨에 하나를 둘러메어 연못에 수장해버렸다.

쥐도 새도 모를 일이었다. 하루, 이틀, 사흘……, 이레가

지나갔다. 과양생이는 동정이나 살펴보려고 대바구니에 빨랫감을 주섬주섬 담아 연못에 가보았다. 물은 아무 일도 없었다는 듯 청청하기만 했다. 하나 다른 점이 있다면 물 위에 고운 꽃 세 송이가 두둥실 떠 있는 것뿐이었다. 과양생이는 꽃을 유심히 바라보았다. 앞에 있는 꽃은 벙실벙실 웃는 듯, 가운데 꽃은 서럽게 우는 듯, 맨 뒤에 떠 있는 꽃은 팥죽처럼 화를 내는 듯한 것이 다들 표정이 살아 있는 게 아닌가. 아무튼 생전 처음 보는 묘한 꽃이요, 고운 꽃이라 욕심이 났다. 과양생이는 빨랫방망이를 꺼내 연못물을 슥슥 앞으로 당겼다.

"이 꽃들아, 내 앞으로 어서 오라."

꽃이 물결에 흐늘거리며 앞으로 다가오자, 빨랫바구니에 오독독 꺾어놓아 집으로 가져왔다. 앞문에 하나 걸고, 뒷문에 하나 걸고, 또 하나는 대청 기둥에 걸어놓았다. 여기 가나 저기 가나 골고루 구경하기 좋게 해놓은 것이다.

그런데 꽃은 생긴 모양과는 달랐다. 앞문에 걸어놓은 꽃은 과양생이가 마당으로 나갈 때마다 머리를 박박 매고, 뒷문에 걸어놓은 꽃은 과양생이가 장독대에 나갈 때마다 머리를 박박 맨다. 대청 기둥에 걸어놓은 꽃은 과양생이가 밥상을 받고 앉을 때마다 머리를 박박 매는 것이다.

"이 꽃들이 곱기는 곱다마는 행실이 괘씸하구나!"

과양생이는 화를 내며 꽃들을 복복 비벼 청동 화롯불에 넣어버렸다. 꽃들은 바스스 타버리고 말았다.

그건 내 구슬이야요

조금 있으니, 뒷집 쉐마구할망이 불을 빌리러 왔다. 과양생이는 사랑방에 놓인 청동화로를 헤쳐보라고 했다. 쉐마구할망이 청동화로를 헤쳐 보니 불씨는 없고 색색 구슬이 세 개 나오는 것이었다.

"과양생이야, 불은 없고 이런 삼색 구슬만 나오는구나."

난데없는 구슬 말에 과양생이는 또 욕심이 불쑥 솟았다.

"아이고, 그거 내 구슬이야요."

과양생이는 이런 횡재가 어디 있느냐 속으로 웃으며 구슬을 냉큼 빼앗았다. 구슬은 곱기도 고왔다. 방바닥에 놓아 이리 굴리고 저리 굴리고 한참을 놀았다. 그게 재미가 떨어지자, 이번엔 구슬을 입에 물어 이리 도골 저리 도골 한참 굴리다보니, 구슬들이 목 아래로 소로록 내려가버리는 것이었다. 조금 서운했지만 아무 일도 없으려니 했다.

하루, 이틀……, 석 달이 지나가니, 과양생이는 몸이 이상해졌다. 태기가 완연히 나타나는 것이다.

'아니, 이게 무슨 일이람?'

곰곰 따져보니, 삼 형제를 연못에 수장하던 날 밤, 주정뱅이 남편이 제 몸 위에서 버르적거린 기억이 나긴 났다.

'허, 그 주정뱅이도 꼴에 사내라고, 이제야 노릇을 하네 그려.'

과양생이는 이렇게만 여기며 만삭이 되길 기다렸다. 산날이 되자, 과양생이는 방 네 귀를 팽팽 돌며 "어이구 배야, 나 죽네!" 야단이었다.

쉐마구할망을 불러들였다. 쉐마구할망은 과양생이의 허리를 내리쓸어보았다. 아이는 벌써 머리를 돌려 있었다.

"한 맥을 써라."

한 번 맥을 쓰니 아들이 태어나고, 두 번 맥을 쓰니 둘째 아들이 태어나고, 세 번 맥을 쓰니 막내아들이 태어난다. 하루에 아들이 셋씩이나 태어나다니 이런 경사가 어디 있으랴. 과양생이는 하도 반갑고 기쁜 김에 관가에다 서둘러 보고했다. 이만하면 두둑한 상급이라도 내리려니 해서였다. 관가에서는 하루 자식 셋씩 낳는 삼신은 개삼신이라 하여 한 달에 겨 석 섬씩 환상(還上)을 내리는 것이었다.

삼 형제는 자랄수록 머리가 영특했다. 일곱 살이 되어 서당에 글공부를 보냈더니, 훈장이 '하늘 천' 하면 곧 '따 지' 하며 선생보다 한걸음 앞서 나아간다. 학동들 가운데 이 삼 형제를 따를 자가 없었다.

열다섯 나는 해에 선비들과 더불어 과거를 보러 올라갔다. 동학들은 모두 낙방하는데 삼 형제만 당당히 급제했다. 어사화·비사화 받아든 삼 형제는 청일산 높이 띄우고 흑일산 낮추 띄워 육방 하인 거느리며 위풍당당하게 고향으로 돌아왔다. 사또에게 인사하고 남문 밖 동산을 치달아 집으로 향하였다.

과거하고 오는 놈은 내 앞에서 뒈져라

이때 과양생이는 망측스럽게 베치마를 입고 나서서 동헌 마당 쪽을 바라보고 있었다. 동헌 마당에 과거급제기가 둥둥 떠 있는 것이 보였다.

"어따, 어떤 놈의 집안은 산천 좋아 과거를 하고 오는구면. 우리 집 아들들을 어디서 남의 손등에나 죽었는지 발등에나 죽었는지, 원. 저기 과거 급제하고 오는 놈일랑 내 앞에서 모가지나 세 도막에 부러져 뒈져라!"

욕소리가 떨어지기 전에 "과거 기별이오!" 하며 길보가 날아들었다.

"오잉? 우리 아들들이 급제했다고? 얼씨구나 좋다. 어절

씨구 좋다. 우리 아기들 과거 틔워 오는데 아니 놀아 어쩌리. 일문전에 고사하고, 산에 가 염불하고, 재물 풀어 잔치나 한 판 벌이자꾸나."

과양생이 부부가 덩실덩실 춤을 추노라니, 아들 일행이 당도했다. 급히 문 앞에 제상을 차려놓아 삼 형제더러 일문 전신에게 배례하도록 하고, 부부는 대청 상좌에 앉아 지켜보았다. 삼 형제는 제상을 향하여 한 번, 두 번, 세 번 절을 하곤 그만 머리를 들지 아니한다. 과양생이 부부는 언제면 아들들한테 급제 인사를 받을까, 아무리 기다려봐도 엎드린 삼 형제는 머리를 들 줄 모르는 것이다.

'이게 어쩐 일일런고?'

과양생이가 화급히 달려 내려가 큰아들 머리를 들어보니 눈동자가 저승으로 돌아갔고, 둘째아들 머리를 들어보니 입에 거품을 물고 있고, 막내아들 몸을 살피니 손톱, 발톱에 검은 핏줄이 서 있는 게 아닌가. 제가 뱉은 욕대로 과거급제한 놈들이 제 앞에서 뒈져버린 것이었다.

삼 형제가 한날한시에 태어나고, 한날한시에 과거하고, 한날한시에 죽고 보니 어처구니가 없었다.

"아이고 내 일이여! 데이고 내 일이여!"

과양생이 부부는 대성통곡하다가, 어쩔 수 없이 육방 하인 다 돌려보내고 앞밭에 임시장사를 지냈다. 아들 삼 형제의 무덤 앞에 퍼질러 앉아 생각하니, 이런 황당하고 억울한 노릇이 없었다. 관가에 신원을 해서라도 이 억울함을 꼭 풀어놓고 말겠다는 생각이 들었다.

과양생이는 이튿날 아침부터 그 고을 원인 김치 사또에게 소지(所志)를 올리기 시작했다. 아침이면 아침 소지, 낮이면 낮 소지, 저녁이며 저녁 소지, 하루 세 번의 소지를 날마다 올려댔다. 석 달 열흘이 되어가니, 소지가 아홉 상자 반을 넘어섰다.

김치 사또는 과양생이의 처지를 딱하게 여기긴 했다. 세상에 이런 황당한 사건을 당해보기는 처음이었던 것이다. 그러나 한날한시에 태어나고, 한날한시에 과거급제하고, 한날한시에 죽어간 그 원인을 어떻게 알아내고 풀어줄 수 있단 말인가. 소지가 올라올 때마다 한숨만 푹푹 내쉬고 있었다.

어느 날 아침엔 기다리다 못한 과양생이가 동헌 마당에 나타나 욕설을 퍼붓기 시작하는 게 아닌가.

"개 같은 김치 사또야, 봉고파직이다! 어서 이 고을을 떠나거라. 다른 원님 놓아서 우리 아들 죽은 소지를 결처하겠다."

이렇게 막무가내 욕을 해대니, 김치 사또야 말할 것도 없으려니와 사또 부인이 더 창피스러웠다. 사또 부인은 어떻게든 이 소지 사태를 처리해야겠다고 나섰다.

"사또, 우리 관아에 제일 똑똑한 관장이 누구이옵니까?"

"제일 똑똑한 관장? 그야 강님이지."

"강님이라……."

"그렇소, 부인. 강님은 영걸이라 할 만하오. 열다섯에 사령 방에 입참하여 열여덟 나던 해에 관장패를 등에 졌는데, 글쎄 문 안에도 아홉 각시, 문밖에도 아홉 각시라 하지 않소, 허허."

김치 사또는 그 경황 중에도 너털웃음을 웃었다.

'이구 십팔 열여덟 각시를 거느릴 정도라면 과연 영걸이라 할 만하군.'

그만하면 자기가 생각하는 방안을 해낼 수 있는 사람이라고 사또 부인은 생각했다

저승 대별왕을 잡아올 테냐

"그러거든 사또, 내일부터 급히 영을 내려 이레 동안만 이른 새벽에 소집을 해보십시오. 어느 관장 하나가 떨어져도 떨어지는 날이 있을 것입니다. 그때 미참한 관장을 죽일 판으로 몰아세우면서, 저승에 가서 대별왕을 잡아올 테냐 목숨을 바칠 테냐, 호통을 치면 수가 생길 것입니다."

사또 부인의 의견은, 대별왕을 잡아다가 이 사건을 판결하게 하자는 것이었다. 사람이 나고 죽고 하는 일이야 인간인 사또가 어찌 알 수 있겠느냐, 대별왕만이 이 사태를 처결할 수 있지 않겠느냐는 것이다.

"강님은 부인을 열여덟씩이나 데리고 있으므로 새벽잠이 깊어 못 올 게 분명하지 않겠습니까. 그를 몰아대면 원체 영걸이라 하온즉 저승 대별왕일지언정 능히 잡아올 수 있을 것입니다."

부인의 의견은 그럴싸했다. 사정이 급한 김치 사또는 더 따져보고 말고 할 것도 없이 다음 날부터 열 관장에게 새벽 소집의 영을 내렸다. 첫날 새벽 동헌 마당에는 열 관장이 빠짐없이 모여들었다. 이튿날도 틀림이 없고, 사흘, 나흘, 닷새째도 틀림이 없었다. 엿새, 이레째 되는 마지막 날이 왔다. 동헌 마당에 모인 것을 보니 관장은 모두 아홉, 아니나 다를까. 강님이 불참하고 있는 것이었다. 강님은 이날 남문밖에 사는 열여덟째 각시에게 흠뻑 빠져 늦잠을 자고 있었다.

"강님, 궐(闕)이오!"

불출석자 명단을 외치는 소리에 벌떡 깨고 보니 벌써 창문이 훤하게 밝은 때였다. 강님이 부랴부랴 동헌 마당에 달려가니, 이미 형틀이 준비돼 있었다. 강님의 목에는 큰칼이

쓰이고 곧 때려죽일 험악한 형세였다. 강님이 목이 메어 소리친다.

"사또, 강님이 죽을죄를 지었습니다만, 혹 살아날 방도는 없겠습니까?"

이 질문이야 김치 사또가 기다리던 것이었다.

"살아날 방도? 강님아, 그렇다면 네 저승에 가서 대별왕을 잡아올 테냐, 이승에서 목숨을 버릴 테냐?"

사또의 호통소리에 그저 얼른 대답하고 본다는 것이,

"저승에 가서 대별왕을 잡아오겠소이다."

이 말 한마디에 큰칼이 벗겨지고 강님은 풀려났다.

'이 일을 어찌하면 좋으리오?'

우선 목숨이 아까워 대별왕을 잡아오겠다고 했지만 무슨 수로 저승대왕 대별왕을 잡아온단 말인가. 눈앞이 캄캄해졌다. 어쩔 수 없이 사랑을 주던 열여덟 호첩들이나 찾아가보기로 했다. 그런데 약삭빠른 게 인심인지라 첩마다 자초지종을 듣고는 휙휙 돌아서버리는 것이었다. 아무도 살려주겠다는 첩은 없었다.

상심한 강님은 남문 바깥에 쭈그리고 앉아 앞으로의 일을 근심하는데, 그제야 번쩍 큰부인 생각이 나는 것이었다. 세 가닥 머리를 여섯 가닥으로 갈라땋아 시집올 때 한 번 본 후, 다시 돌아본 일이 없는 큰부인! 오늘의 이 곤경이 혹 큰부인을 박대한 죄 때문은 아닌가. 강님은 어찌 됐든 큰부인이나 찾아가보기로 하였다.

강님의 큰부인

큰부인 집에 들어가며 보니, 부인은 보리를 물 말아놓고 방아를 찧고 있었다. 강님이 들어오는 걸 보자, 큰부인은 방아노래에 인사말을 섞어가며 노래를 불렀다.

이어 방애, 이어 방애

매정한 낭군님아

오늘은 저 먼 올레 문이 열렸습니까

가시나무도 걷었습니까

어인 일로 오옵니까

설운 낭군님아

이어 방애, 이어 방애

강님은 아무 말 없이 방에 들어가 이불을 덮어쓰고 누웠다.

'남편이라고 이제껏 얼굴 한 번 비치지 아니한 게 섭섭

하긴 하지만, 그래도 제 발로 내 집에 든 임을 박대할 수 있으랴.'

큰부인은 밥상을 차려 들고 들어가보려 했다. 그러나 강님이 든 방문은 단단히 잠겨 있었다. 아까 한 노래에 노했나 싶었다.

"문 여세요! 남아대장부가 그까짓 말에 노해서 문 닫고 누웠습니까?"

아무리 사정해도 문을 열어주지 않는 것이다. 할 수 없이 문을 잡아 뜯어 들어가보니 강님의 얼굴은 온통 눈물로 바다를 이루었다.

"서방님, 이게 어인 일입니까? 죽을 일이든 살 일이든 한마디만 일러주십시오."

강님은 그제야 자초지종을 이야기하고, 어찌하면 대별왕을 잡아올 수 있겠느냐며 다시 울음을 터뜨리는 것이었다.

"서방님, 풍채에 어울리지 않게 그깟 일을 놓고 장탄식을 하십니다그려. 그건 내 해결할 테니 염려 말고 진지나 드십시오."

큰부인의 그 말에 강님은 얼른 울음을 그치고 이를 드러내며 웃었다.

'역시 큰마누라가 큰마누라로고!'

강님의 큰부인은 은옥미를 방아에 찧어 가루로 만들었다.

그러고는 잘 갈무리해둔 시루를 가져다 떡을 찌기 시작했다. 첫째 시루는 문전신 시루, 둘째 시루는 조왕할망 시루, 셋째 시루는 강님이 저승 가며 먹을 시루였다. 시루떡을 다 쪄놓고 목욕재계하여 새 옷을 갈아입었다. 일문전에 제사한 후, 부엌에 들어가 정결히 청소한 큰부인은 다시 제를 올려 조왕할망께 축원을 드렸다.

"강님의 저승 가는 길을 인도하여주옵소서."

그렇게 주야장천 축원을 올리기를 이레 동안이나 계속했다.

축원이 끝나자 큰부인은 강님의 방으로 들어갔다.

"서방님, 어서 잠을 깨세요. 저승행차 날이 밝았습니다."

강님은 눈을 뜨자마자 울상부터 지었다. 진작 각오야 하고 있었으나 막상 떠날 시간이 임박하니 모두 소용없는 짓이었다.

"오, 저승행차라니 이게 무슨 말일러냐! 기어이 가야 한단 말이냐! 도대체 저승은 어디로 가며, 어떻게 가야 하리오!"

강님은 퍼질러 앉아 대성통곡을 할 태세였다. 큰부인이 다정하게 말했다.

"서방님, 아무 염려 말고 일어나 우선 은대야에 세수나 하옵소서."

세수를 끝내자 큰부인은 강님에게 저승의복을 입혔다. 남

방사주 바지에 백방사주 저고리, 백릉버선에 미투리, 모시
두루마기에 흑두전립을 쓰고, 관장패는 등에 지고, 앞에는
날랠 용 자, 뒤에는 임금 왕 자 새기고, 적패지는 옷고름에
채워 문 앞에 내세우니 저승 차림이 완연하다.

강님이 저승의복을 입고 보니 부인이 어느새 이렇게 잘
차려놓았는가 감탄이 앞섰다.

"이 의복은 언제 이렇게 차렸소?"

"이런 일을 당할 줄 알고 진즉에 지어놓았습니다."

사람이 죽기 전에 미리 수의(壽衣)를 갖춰놓는다는 뜻이
니, 이는 강님의 큰부인으로부터 시작된 관습이다.

큰부인은 명주 전대를 남편 허리에 감아주며,

"저승 초군문을 들어가기 전에 사정이 여의치 않거든, 이
명주 전대를 풀어헤쳐보십시오."

단단히 당부하면서, 큰부인은 슬쩍 귀 없는 바늘 한 쌈을
강님 장옷 앞섶에 솜솜히 찔러놓았다.

"서방님, 이제 떠나십시오. 마음 약해지기 전에 어서 가옵
소서."

강님이 떠나려고 하니, 큰부인은 그래도 섭섭한지 버선
과 행전, 대님과 신발을 선물했다. 그러나 신발이나 버선이
나 새것을 신을 때는 좋지만, 벗어 던져버리면 다시 돌아보
지 않는 것. 대저 부부간의 보람이란 이러한 것임을 큰부인

은 알면서도, 새삼 새기면서 선물한 것이었다.

강님의 큰부인은 남문 밖 동산에 올라 떠나가는 남편을 눈물로 전송했다. 집으로 돌아와 문을 들어서려는 순간, 때마침 지나가는 바람에 앞섶이 헤쳐지는 것이었다.

'바야흐로 서방님과 이별하니, 옷 앞섶이 가로삭산 흐트러지는구나.'

큰부인은 탄식하며 옷섶을 단단히 여몄다. 진실한 마음으로 절개를 지켜나가려는 듯.

강님은 부모한테 작별인사를 하러 갔다. 아버지가 대성통곡한다.

"설운 아기 저승 가는데, 무엇으로 다리를 놓으리?"

강님의 아버지는 큰어른의 마음이라 망건을 벗어줬다. 어머니한테 인사를 드리니 역시 하염없이 눈물을 쏟아내며,

"설운 아기 저승 가는데, 무엇으로 다리를 놓을꼬?"

속옷을 벗어주었다. 평생 자식의 밑을 감싸주려는 게 어머니의 마음이다.

저승길이 어디인가

강님은 마지막으로 김치 사또에게 작별을 아뢰고 터벅터

벅 저승길로 향했다. 길을 나서긴 했으나, 대관절 어느 곳이 저승으로 가는 길인지 알 수가 없었다. 한참을 가다 멈추고, 다시 한참을 가다 멈추고 할 수밖에 없었다.

'저승길이 어디인가.'

알 수 없는 저승길을 찾아 강님은 걷고 또 걷기만 했다. 해가 중천에 걸리자 온몸에 땀이 솟기 시작했다. 앞길도 막막하고 다리도 아프고 해서 강님은 길가에 털썩 주저앉았다. 손부채를 부치며 앞을 보니 어떤 할머니가 지나고 있었다. 불붙다 만 듯한 남루한 치마를 걸치고 꼬부랑 막대기를 짚고서 강님의 앞을 허울허울 스쳐가는 것이었다.

'대장부 행차길에 여자가 지나가다니. 여자라는 것은 꿈에만 보여도 사물인데 어찌 내 앞을 서슴없이 지나가는가! 저 할망을 따라가서 길옆으로 비켜서라 해야겠다.'

강님은 자리에서 일어나 그 할머니를 따라갔다. 그러나 쉽게 따라잡을 수가 없었다. 주먹을 불끈 쥐고 걸음에 힘을 내면, 할머니도 그만큼 걸음이 빨라지는 것이다. 한참을 뛰듯이 걸어 봐도 거리는 꼭 그만큼이었다. 강님은 지치고 말았다.

'이제 좀 쉴 겸 점심이나 먹고 가리라.'

강님이 이렇게 생각하며 걸음을 멈추자, 할머니도 긴 한숨을 쉬며 길가에 앉는 것이었다.

'저 할망이 필연코 예사 사람은 아니로고.'

강님은 할머니 앞으로 가 너붓이 절을 했다. 젊은 미남자의 절을 받으니 할머니는 흡족한 표정을 지었다.

"어디로 가는 도령이시오?"

"저는 저승에 대별왕을 잡으러 가는 길입니다만."

"아이고, 저승이라. 정말 머나먼 길을 가는구려. 마침 배가 고프니 점심이나 서로 나눠 먹읍시다."

할머니가 점심을 내놓고 강님도 점심을 내놓았다. 둘이 똑같은 시루떡이라 강님은 이상한 생각이 들었다.

"할머니, 제 점심과 할머니 점심이 한 솜씨인 듯 맛이 똑같으니 어찌 된 일이온지요?"

그제야 할머니가 화를 벌컥 내면서,

"이놈아, 나를 모르겠느냐? 나는 네 큰부인 집 조왕할망이니라. 네 하는 일은 괘씸하나 큰부인 정성이 갸륵하여 저승길 인도해주러 왔다."

강님은 황송하여 머리를 숙였다. 할머니는 다시 말을 이었다.

"강님아, 이리 가고 저리 가다보면 일흔여덟 갈림길이 나올 것이다. 거기 앉아 있으면 어떤 노인이 올 터인즉, 그 노인께 아까처럼 공손히 인사를 드리면 알 도리가 있으리."

"고맙습니다."

인사하고 고개를 들어보니 할머니는 온데간데없었다.

강님은 조왕할망이 가르쳐준 대로 한없이 걸어갔다. 길은 멀고 험했다. 드디어 일흔여덟 갈림길이 나타났다. 강님은 어느 길로 가야 할지 몰라 길가에 주저앉았다. 얼마 후 백발이 성성한 할아버지가 걸어왔다. 강님은 벌떡 일어나서 할아버지에게 공손히 절을 했다.

"어인 일로 젊은 도령이 낯선 늙은이에게 절을 하오?"

"할아버지, 그런 말씀 마십시오. 저의 집에도 늙은 부모 조상이 있습니다."

"어디로 가는 도령이시오?"

"저승 대별왕을 잡으러 가옵니다."

"멀고 먼 길 가는구려. 점심이나 나눠 먹기 어떻소?"

강님이 점심을 내놓고 할아버지도 점심을 내놓았다. 둘 다 시루떡 점심에 한 솜씨였다.

"어인 일로 할아버지 점심하고 제 점심하고 한 솜씨인 듯 맛이 똑같습니까?"

"이놈아, 나를 모르겠느냐? 나는 네 큰부인 집 일문전이니라. 네 하는 일은 괘씸하나 큰부인 정성이 갸륵하여 저승길 인도하러 왔다."

강님은 새삼 큰부인의 정성에 감복했다. 저승길 떠나기 전 이레 동안이나 일문전신에 제사하고 조왕할망에 축원 올리던 부인이 아니었던가. 할아버지는 말을 이었다.

"강님아, 여기가 일흔여덟 갈림길이다. 이 길을 다 알아야
만 저승에 갈 수 있느니라. 이 길을 하나씩 셀 테니 들어보
아라."

일문전이 일흔여덟 갈림길을 차례차례 세어가기 시작한다.

"이 길은 천지혼합 시 들어간 길, 이 길은 천지개벽 시 들
어간 길, 이 길은 인황도읍 시 들어간 길, 이 길은 천지천황
들어간 길, 이 길은 산배포 들어간 길, 이 길은 물배포 들어
간 길…… 이 길은 물로용왕국대방황수 들어간 길, 이 길은
단물용궁차사 들어간 길, 이 길은 대로객사차사 들어간 길,
이 길은 비명차사 들어간 길…… 이 길은 노불법노차사 들
어간 길, 이 길은 명도명관삼차사 들어간 길……."

일문전신은 길을 일일이 가리키며 다 세어보고는 하나 남
은 길을 손으로 가리켰다.

"이 길이 바로 네가 들어갈 길이다."

길을 보니 개미 왼쪽 뿔만큼이나 좁아 보였다. 어틀비틀
구부러진데다 가시덤불이 뒤얽히고 돌멩이가 가득 깔려 있
는 험로였다.

"강님아, 이 길을 허위허위 가다보면, 길토래비가 길을 닦
다가 시장기에 몰려 양지바른 데 앉아 졸고 있을 게다. 네 전
대에 있는 떡을 그 길토래비 앞에 놓아라. 그리하면 알 도리

있으리라."

강님이 인사하고 보니 일문전신은 자취 없이 사라졌다.

팔자 궂은 동관이시구려

강님은 팔을 걷어붙이고 그 험한 길을 헤쳐 들어갔다. 한참을 가다보니 과연 길토래비가 길가에 앉아 꾸벅꾸벅 졸고 있었다. 전대에서 떡을 꺼내어 길토래비 앞에 놓아주었다. 길토래비는 떡을 보자, 시장한 김에 허겁지겁 삼세 번을 끊어 먹는다. 그제야 눈이 번쩍 뜨이는 모양이었다. 주위를 두리번거리다가 뒤에 서 있는 강님을 보자 깜짝 놀라 일어나는 것이었다.

"어디 관장이십니까?"

"이승 동정국 김치 원님을 모시고 있는 강님이오."

"이승 관장이 여기에 오다니, 팔자 궂은 동관이시구려. 그래, 이승 동관님, 어딜 가시는 길이시오?"

길토래비는 저승의 차사 이원사자였다.

"나는 저승대왕 대별왕을 잡으러 갑니다."

"아이고, 이승 동관님, 그게 무슨 말입니까? 저승을 어떻게 갈 수 있습니까? 검은 머리가 백발이 되도록 걸어보시오,

갈 수 있나. 살아서는 아무도 못 가는 법이외다."

그러나 강님은 몇 번이고 애원했다. 끈질긴 부탁에, 이원사자는 남의 음식 공으로 먹으면 목 걸리는 법이기도 해서 도와주어야겠다는 생각이 들었다.

"이승 동관님, 혹시 적삼을 가졌습니까?"

"예, 있습니다."

"그럼 그 적삼으로 삼혼을 불러들이거든 혼정으로나 저승 초군문에 가보십시오."

"혼정으로 간다고요?"

"그렇소. 모레 사시면 대별왕이 아랫녘 자부장잣집 외딸 아기 신병 들어 시왕맞이굿을 하는 데 내려올 것입니다. 초군문에 적패지 붙였다가, 대별왕의 행차가 지나가게 되거든 다섯 번째 가마를 놓치지 마십시오. 이 가마에 대별왕이 탔으니, 다음은 이승 동관이 알아서 해보시구려. 허허."

이원사자는 의외로 자상한 설명을 해주었다. 저승대왕을 잡아가려는 어리석은 이승 동관이 어찌 성공할 수 있으랴, 하는 방심 때문이었다. 이원사자는 계속해서 저승 초군문에 이르는 길을 알려주었다.

"이승 동관님, 저승 초군문 가기 전에 행기못이 있습니다. 이승에서 비명에 죽은 사람들이 저승에도 못 가고 이승에도 돌아가지 못해 울고 있을 것입니다. 동관님이 못가에 이르면 그 사람들이 나도 데리고 가주시오, 나도 데리고 가주시오, 동관님 쾌잣자락을 붙잡고 놓지 않으리다. 그러거든 전대의 떡을 자잘하게 부수어서 동서로 뿌리십시오."

"알겠습니다."

"그리고 동관님, 저승에 갔다 올 본매를 가졌습니까?"

이승과 저승을 오갈 수 있는 증물이 있느냐는 질문이었다.

"글쎄요, 그게……."

생각지 못한 일이라 강님은 더듬거렸다.

"저승 본매가 없으면 저승을 가도 다시 돌아올 수가 없습니다."

"아아, 이 일을 어찌하리!"

강님은 탄식하다가, 불현듯 무슨 생각이 떠올라 손뼉을 딱 쳤다. 큰부인과 작별하고 나올 때 '저승 초군문에 가기 전 사정이 여의치 않으면 명주 전대를 풀어보라'고 한 말이 생각난 것이다. 이것도 여의치 않은 사정이로구나 해서 강님은 급히 전대를 풀어보았다. 동심결(同心結)·운삽(雲翣)·불삽(黻翣)이 나왔다. 이원사자가 보고,

"바로 그것이 저승 본매입니다."

라고 하는 것이다. 이후 사람이 죽으면 동심결·운삽·불삽을 만들어 매장하게 된 것이니 역시 강님의 큰부인으로부터 시작된 일이다.

이원사자는 저승 가는 길을 다 가르쳐준 후에 강님의 적삼을 들어 혼을 불렀다.

"강님이 혼 보오! 강님이 혼 보오! 강님이 혼 보오!"

삼혼을 불러주니, 강님의 삼혼은 저승 포도리청, 호안성을 지나 행기못가에 순식간에 이르렀다. 못가에는 이원사자 말대로 저승에도 못 가고 이승에도 돌아가지 못하는 영혼들이 들끓고 있었다. 강님이 가까이 가자 영혼들은 우르르 몰려들었다.

"관장님, 절 데리고 가주십시오!"

"오라버님, 절 데려가주세요!"

"형님, 저도 데려가주십시오!."

"조카야, 나도 데려가거라!"

"동생, 난 꼭 좀 데려가줘!"

사방에서 옷자락을 잡아끄는 것이었다. 이 광경을 본 강님은 슬픔과 연민 때문에 콧날이 시큰해졌다. 그러나 사사로운 감정이 휘둘릴 때가 아니었다. 강님은 전대의 떡을 꺼내 자잘하게 끊어서 사방에 뿌렸다. 모여든 군중은 배고픈 김에 떡을 주워 먹으려고 옷자락을 놓고 흩어졌다.

이때 강님은 눈을 질끈 감고 행기못 속으로 텀벙 뛰어들었다. 깊고 아득한 우물 속으로 한없이 미끄러지는 듯하더니, 얼마 후 뭔가에 덜컥 걸리는 듯 멈추었다. 정신을 차려보니 저승 초군문에 닿아 있었다.

대별왕을 잡으러 왔다

강님은 안도의 숨을 내쉬었다. 그렇게 멀고도 험한 길을 걸어 드디어 저승에 도착한 것이다. 이제 저승 안에까지 들어갈 필요는 없다. 여기서 대별왕 행차가 나올 때까지 기다리고 있으면 되는 것이다. 강님은 적패지를 풀어 초군문에 떡 붙여두고, 팔을 벤 채 한잠 늘어지게 잤다.

이원사자가 말해준 날이 밝았다. 강님이 이제 슬슬 준비를 해야겠구나 생각하던 차, 초군문 안에서 하늘이 요동치는 듯한 소리가 들려왔다. 강님은 벌떡 일어났다. 영기(令旗)를 선두로 갖가지 기가 하늘을 온통 가리고, 숱한 하인들이 와라치라 호통을 지르는 어마어마한 행차가 초군문 쪽으로 다가오는 것이었다.

'옳거니. 드디어 대별왕 행차가 당도하는구나.'

강님은 단단히 마음을 잡고 기다렸다. 첫 번째 가마가 지나갔다. 두 번째, 세 번째 가마가 지나갔다. 네 번째 가마가 지나가고 다섯 번째 가마가 오더니, 멈칫 서면서 가마 안에서 누가 소리를 지른다.

"통인아, 저기 초군문에 붙은 적패지가 웬 것이냐?"

통인이 확인해본 후,

"이승 강님이 저승 대별왕을 잡으러 왔다는 패지입니다."

대별왕의 호탕한 웃음소리가 높았다.

"어떤 놈이 나를 잡겠다는 말이냐!"

강님은 순간 '이때다!' 봉황새 같은 눈을 부릅뜨고 우레같이 소리 지르며 행렬에 달려들었다.

"대별왕을 잡으러 왔다!"

구리쇠 같은 팔뚝을 걷어붙이고 삼각수염을 휘날리며 펄쩍 뛰어 몇 놈을 메다치니 숱한 하인들이 뿔뿔이 흩어진다. 강님은 두 번, 세 번, 펄쩍펄쩍 뛰며 가마채를 힘껏 잡아 흔들어대었다. 워낙 창졸간의 일이라 행렬에선 대처할 엄두를 내지 못했다. 강님은 가마 문을 왈칵 열어젖혔다. 대별왕이 두 주먹을 불끈 쥐고 앉아 시큰거리고 있었다.

"내가 강님이다!"

강님의 호통 소리가 또 한 번 울리더니, 대별왕의 손목엔 수갑이 채워지고, 발엔 차꼬가 끼워지고, 몸에는 밧줄이 감겼다. 강님의 억센 발길이 대별왕의 잔등이에 떨어졌다. 그 서슬에 대별왕의 가마는 형편없이 부서지고 말았다. 실로 순식간의 일이었다.

나중에 강님이 이승차사가 되어 죽은 사람을 잡아갈 때

우악스레 밧줄로 결박하여 데려가는 것도 이처럼 대별왕을 붙잡는 행위에서 시작된 것이다.

밧줄이 몸을 옥죄자 대별왕이 사정을 한다.

"강님아, 이 밧줄을 조금만 늦추어다오. '인정' 많이 걸어 주리라."

강님은 대별왕을 묶은 밧줄을 조금 늦춰주고 재물을 많이 받았다. 사람이든 신이든 무릇 올리는 재화가 많으면 어찌 감복하지 않으리.

대별왕은 한숨을 내쉬고 강님에게 차근차근 말했다.

"이승 동관 강님아, 그리 조급하게 몰아대지 말고 숨을 좀 돌리자꾸나. 우선 나와 같이 아랫녘 자부장잣집에 가서 시왕 맞이굿을 받아먹은 후 이승에 가면 어쩌겠느냐?"

이미 대별왕을 결박한 처지라 강님은 선선히 대답했다.

"그리하십시다."

강님은 대별왕 일행과 함께 아랫녘으로 건드러지게 내려갔다. 자부장잣집에 이르러 보니, 과연 굿이 시작되고 있었다.

심방이 홍포관대를 차리고 신들을 청해 들인다. 그런데 가만히 본즉 다른 모든 신들은 오십사고 다 청하는데, 강님더러는 오십사고 청하지 않는 것이었다. 강님은 괘씸하게 여겨 심방을 밧줄로 꽁꽁 묶어 엎질러놓았다. 심방이 갑자기

새파랗게 죽어가는 것이다. 외딸아기를 살리려고 하는 굿에 심방이 먼저 죽어가니 굿은 엉망이 되어갔다. 이것을 본 소무(小巫)가 신을 청해 들이는 대령상(待令床)을 화급히 앞에 내놓았다. 소무는 영리하여 강님을 청하지 않은 때문임을 안 것이다.

"살아 있는 차사도 차사이옵니다. 인간 강님차사도 저승 대왕 대별왕과 함께 내려오신 듯하옵니다. 부디 강님차사도 이리 오소서."

이렇게 청해 들이니, 심방이 파릇파릇 살아났다. 기분 좋아진 강님이 묶었던 밧줄을 풀어준 것이다. 그 후로 시왕맞이 때는 시왕의 제상 밑에 사자상(使者床)을 놓고 큰 시루떡을 쪄 올리게 되었다.

갑일 오시에 내려가마

강님은 권하는 대로 술을 여러 잔 하다보니 흠뻑 취해버렸다. 만사가 태평이라 사자상 밑에 쓰러졌다. 얼마나 잤을까, 눈을 뜨고 보니 대별왕이 그새 사라져버린 게 아닌가. 겁이 덜컥 난 강님은 문 바깥으로 치달았다. 문밖에도 대별왕은 모습은 흔적도 없었다. 초조한 마음이 이는 중, 멀리서 누군가 손짓을 하고 있는 게 보였다. 가까이 다가가 보니 큰부인집 조왕할망이었다.

"강님아, 대별왕은 새 몸으로 변신하여 굿판의 큰 대 꼭대기에 앉았으니, 톱으로 대를 끊어버리거라."

"조왕할망, 고맙수다!"

할망의 말을 듣고 큰 대를 바라보니, 과연 꼭대기에 새가 한 마리 앉아 있었다. 강님이 톱을 들고 달려들어 큰 대를 끊으려 하자, 대별왕은 훌쩍 내려오면서 강님의 팔목을 잡는 것이었다.

"허허, 강님의 눈은 속일 수 없고나. 네가 먼저 이승에 가 있으면 갑일 오시에 틀림없이 동헌 마당으로 내려가리라."

"그러시다면 증물을 남겨주십시오."

대별왕은 강님의 적삼 등짝에 저승 글자 셋을 써주었다. 강님은 증물을 얻어놓고 생각해보니, 어떻게 이승으로 가야 하는지 알 수 없었다.

"대별왕이시여, 올 때는 내 마음대로 왔으나 갈 때는 내 마음대로 갈 수가 없습니다. 길 인도를 해주옵소서."

대별왕은 하얀 개 한 마리를 내어주고 돌래떡(동그란 쌀떡) 셋을 겨드랑이에 품게 해주었다.

"이 떡을 조금씩 끊어 하얀 개를 달래면서 뒤를 따라가라."

강님은 하얀 개를 앞세워 뒤를 따랐다. 하얀 개가 싫증난

듯 보일 때마다 겨드랑이의 떡을 조금씩 끊어주며 한참을 따라갔다. 행기못이 보였다. 앞장서던 하얀 개는 행기못가에 이르자 강님에게 달려들어 목덜미를 물고 행기못으로 풍덩 빠지는 것이었다. 강님은 정신이 아찔했다. 마치 꿈을 꾸다가 깨듯이 눈을 번쩍 뜨고 보니, 바로 이승길에 내려와 있었다.

강님 큰부인의 수절

강님이 이승에 도착한 때는 캄캄한 밤이었다. 이승임이 틀림없는데, 어느 지경인지는 알 수 없었다. 강님은 사방을 자세히 살펴보았다. 북쪽에 희미한 불빛이 하나 보였다. 사람 사는 집이 있는 것이 틀림없었다. 강님은 불빛을 향해 어두운 길을 더듬더듬 찾아갔다. 오늘 밤은 저 집에서 지내고 가리라 생각하며 문 앞에 이르렀다. 때마침 집 안에서 한 여인이 나오더니,

"설운 서방님, 살아 계시거든 하루바삐 돌아오고, 죽었거든 제사 재물 많이 받아가옵소서."

음식물을 뿌린 후 들어가는 것이었다. 어두운 밤이라 어떤 여인인지는 모르되, 남편의 제사를 지내고 제물을 바깥에

뿌리는 결명을 한 것이었다. 강님은 얼른 뒤따라가며 문밖에서 목소리를 높였다.

"길손이온데, 하룻밤만 머물러 가게 해주십시오."

"오늘 밤은 우리 집에 손님 재울 수 없습니다."

"무슨 까닭입니까?"

"우리 서방님 저승 가서 삼년상 치른 후 첫 제삿날이기에 그렇습니다."

"실례지만, 서방님 함자가……."

"강님이라 하옵니다."

미상불 큰부인임이 틀림없었다. 저승 갈 때 그렇게 정성껏 보내준 큰부인이 삼년상을 치르고 첫제사를 했다니 우선 감격이 앞섰다.

"내가 강님이오."

강님이 문을 열며 들어가려 하나 부인은 믿어주지 않았다.

"우리 서방님일 리 없습니다. 뒷집 김 서방이거든 내일 아침 오십시오. 제사 음식 많이 대접하리다."

뒷집의 김 서방은 또 누구인가. 강님은 무슨 곡절이 있는 게로구나 생각하며,

"여보 부인, 내가 바로 강님이오!"

다시 거세게 문을 두들겼다. 하도 집요하게 강님이라 우

기니 큰부인은,

"그러거든 문구멍으로 앞섶 한 자락만 내밀어주십시오."

강님이 앞섶을 내미니, 큰부인은 조심스레 만져보는 것이었다. 강님이 저승 갈 때 증거로 삼으려고 귀 없는 바늘 한 쌈을 꽂아둔 것이 삭아 바스락 부서졌다.

"아이고, 서방님이 분명하고나!"

큰부인은 문을 열고 강님의 두 손을 잡아 방 안으로 들어갔다.

"제사를 지내다니, 대체 어찌 된 일이오?"

"서방님 저승 가시고 삼년상 치른 후 첫 제사입니다."

"나는 저승 가서 사흘을 살았을 뿐인데, 이승은 그새 3년이 되었구나."

부부는 오랜만에 마주 앉아 만단정화를 나누었다.

"부인은 내 없으니 어떤 생각이 났소?"

"서방님 돌아가신 줄 알고, 초하루 보름 삭망만 넘겨서 남의 말 듣고 가자고 했는데, 인간 정의를 생각하는 게 열두 달 소기까지 앉았습니다. 소기만 넘겨 남의 말 듣고 가려 했지만, 정의를 생각하여 스물넉 달 대기(大忌)까지 앉았습니다. 대기 넘어 남의 말 듣고 가려 했는데, 첫제사까지 앉고 보니 설운 서방님이 오셨습니다."

큰부인은 바람에 흐트러진 앞섶을 여미듯 수절하며 지낸

것이었다. 그날 밤 강님은 제사 음식으로 푸짐하게 음복하고, 오랜만에 큰부인과 사랑을 풀어 누웠다.

날이 밝자, 강님은 부모님께 인사를 갔다.

"아버지, 제가 없으니 어떤 생각이 나옵디까?"

"설운 아기 없어지니 마디마디 생각나더라."

"아버지 돌아가시면 여섯 마디 왕대로 상장대를 마련하여 대 마디마디 아버지 생각하겠습니다. 아버지의 자식에 대한 마음, 모든 것을 풀어 너그러이 해주시니, 옷자락 밑을 풀어 상복을 입고 연 3년 공을 갚아드리리다."

"어머니는 제가 없으니 어떤 생각이 나옵디까?"

"설운 아기 없으니 먹먹하여지더라. 저 길을 걷다가도, 물을 긴다가도, 음식을 먹다가도 자주자주 생각나더라."

"어머니 돌아가시면 동으로 뻗은 머구나무로 상장대를 만들고, 머구나무 가시마다 자주자주 생각하겠습니다. 어머니의 자식에 대한 마음, 밑을 감추어주시니, 밑을 감친 상복을 입어 어머니 공 갚아드리리다."

강님은 다음에 형제간, 친족들에게 인사를 갔다.

"형님들은 제가 없으니 어떤 생각이 납디까?"

"형제가 없어지니, 열두 달까지 생각나다가 열두 달이 넘어가니 차차 잊혀지더구나."

"형제간은 '옷 위의 바람'이라는 말이 떠오르는군요. 형제

간은 열두 달 소기까지 상복을 입도록 하겠습니다."

"친족들은 제가 없으니 어찌 생각되옵디까?"

"친족이 죽으니 큰일에 떡할 때만 생각나더군."

"그리하면, 친족이 죽으면 의무적으로 떡 부조하는 고적 법을 마련해야겠습니다."

강님은 문 안, 문밖에 사는 여남은 첩들도 찾아갔다.

"너희는 나 없으니 어찌 생각되더냐?"

"호호, 길을 걷다가 미끈하게 생긴 놈만 보이면 언뜻언뜻 생각납디다."

"이년들 다 쓸데없구나!"

강님은 차제에 살림을 갈라 모두 동서로 보내버렸다. 그러고는 새로 신혼살림 하듯 큰부인과 아기자기한 나날을 보내는 재미에 흠뻑 빠져버렸다. 그러는 사이 사또를 만나 저간의 사정을 아뢰는 일을 깜빡 잊고 말았다.

강님을 하옥하라

며칠 후, 뒷집 김 서방이 강님의 큰부인 집으로 찾아왔다. 지금까지 이 핑계 저 핑계 삼년상 첫제사만 넘으면 개가하겠다고 미루어왔으니, 오늘은 꼭 허락을 받고야 말겠다며 온 것이다. 김 서방은 문을 들어서다 흠칫 놀랐다. 난간 기둥에 갓이 걸리고 관대가 매달려 있지 않은가.

'죽은 강님이 살아왔나? 설마 그럴 리는 없고······.'

퍼뜩 떠오르는 생각이 있어 김 서방은 부리나케 사또 앞으로 달려갔다.

"사또, 강님은 저승에 가서 대별왕을 잡아오겠다고 해놓고, 이제 보니 낮에는 병풍 뒤에 숨어 살고 밤이면 병풍 밖에 나와 부부살림하고 있습니다."

"그게 정말이냐?"

강님은 곧 김치 사또 앞에 끌려갔다. 사또는 노발대발했다.

"어느 것이 네가 잡은 대별왕이냐?"

"제 적삼 뒤에 대별왕이 써준 저승 글자가 있으니 확인해 보소서."

사또가 강님의 등을 보니, 갑일 오시면 대별왕이 온다고 씌어 있었다.

"갑일 오시에 대별왕이 올 때까지 강님을 하옥하라!"

곧 강님은 하옥되고, 얼마 후 갑일이 다가왔다. 그날 오시 무렵, 쾌청하게 맑던 하늘에 시커먼 구름이 일기 시작하더니 순식간에 하늘을 덮었다. 그러고는 영롱한 무지개가 갑자기 동헌 마당에 걸리고, 좁은 목에 벼락 치듯 천지가 진동하는 소리와 함께 대별왕의 행차가 들어서는 것이었다. 실로 무시무시한 순간이었다.

"저승대왕 대별왕 행차시오!"

행렬에서 터지는 우렁찬 외침에 놀라 동헌 관원들은 다들 어디론가 몸을 숨겨버렸다. 김치 사또도 도망할 길을 못 찾아 허둥지둥하다가 동헌 기둥 뒤에 숨었다.

동헌 마당에 내려온 대별왕은 사방을 둘러봐도 아무도 없으니 의아했다. 일행에게 샅샅이 뒤져보게 하니 옥 안에 강님 혼자 가두어진 걸 알았다. 대별왕은 강님을 옥에서 풀어주었다.

"사또는 어디 갔느냐?"

"모르겠습니다."

"청해놓고 주인이 없으니 이 무슨 결례인고?"

대별왕은 주위를 찬찬히 살피다가 동헌 기둥 뒤에 숨은 사또의 옷자락을 발견했다.

"목수를 불러라."

목수가 대령하자 대별왕은 슬쩍 미소를 띠며 말했다.

"저 기둥을 톱으로 잘라버려라."

기둥에 톱을 갖다 대자, 선혈이 불끗 솟는다. 기둥에서 빠져나온 사또가 발발 떨며 댓돌 아래로 내려섰다. 대별왕의 고성이 떨어졌다.

"어인 일로 나를 청하였느냐?"

사또가 대답을 못하고 떨고만 있으니, 강님이 나서서 말한다.

"대별왕이시여, 저승왕도 으뜸이요, 이승 원님도 고을의 으뜸이신데 으뜸끼리 청하지 못할 바 있사오리까?"

그 말을 듣고 대별왕은 껄껄 웃으며 어성을 낮추었다.

"역시 강님이 똑똑하고 영절스럽구나. 이승 원님, 어인 일로 나를 청하였습니까?"

그제야 김치 사또가 정신을 수습하고 전후사정을 이야기했다.

"다름 아니오라, 과양 땅에 사는 과양생이라는 여인이 있사온데 아들 삼 형제를 한날한시에 낳고, 그 아들들이 한날한시에 과거 급제하고, 또 한날한시에 죽는 변고가 있었습니다. 이에 과양생이가 오랫동안 소지를 올렸사온즉 불초한 제가 감당할 수 없는 일이라 이를 결처해주십사 대별왕을 청하였사옵니다."

"흠, 듣고 보니 해괴한 일이로고. 그러나 이런 일엔 반드시 어두운 내막이 있는 법, 우선 그 과양생이 부부를 동헌 마당으로 데려오시오."

당장 과양생이 부부가 동헌 마당에 불려왔다. 부부의 면면을 살피자마자 대별왕은 그 모든 전후를 꿰뚫어보았다.

"너희는 아들들을 어디 매장하였느냐?"

"앞밭에 묻었습니다."

"그래? 그렇다면 누구의 도움도 받지 말고, 너희 부부 손으로 파보아라."

부부가 힘들여 파고 보니, 무덤 속에는 아무것도 없이 칠성판만 놓여 있었다.

"어느 것이 너희 아들 삼 형제냐?"

과양생이 부부는 말문이 막혔다. 대별왕은 곧 연못으로 행차했다. 금봉채를 내놓고 연못물을 세 번 때리니 못물이 순식간에 말라들어갔다. 연못 밑바닥에는 버무장자 아들 삼 형제의 뼈가 살그랑이 남아 있었다. 대별왕은 뼈들을 차례차례 모아놓고 역시 금봉채로 세 번 때렸다. 삼 형제의 몸에 살이 오르더니,

"아, 봄잠이라 너무 잤습니다."

삼 형제가 와들랑 일어나며 기지개를 켜는 것이었다.

대별왕은 과양생이 부부에게 물었다.

"이들이 너희 아들 삼 형제냐?"

"……."

"너희 아들 삼 형제인지 묻고 있지 않느냐!"

과양생이 부부는 덜덜 떨리는 음성으로 말했다.

"아, 예예, 우리 아들 삼 형제와 똑같긴 합니다만……."

이 광경을 본 버무장자 아들 삼 형제는 과양생이 부부를 곧 죽여버릴 듯이 설쳤다. 대별왕은 이들을 만류했다.

"삼 형제야, 너희 원수는 내 갚아주마. 어서 부모님을 찾아 가거라."

삼 형제를 보내놓고 대별왕은 소 아홉 마리를 끌어오도 록 했다. 과양생이 부부의 팔다리 아홉에 각각 소 한 마리씩 을 묶게 하고, 목자를 시켜 사방으로 몰았다. 육체가 아홉 조 각으로 찢겨나갔다. 찢어지다 남은 것은 방아에 독독 빻아 바람에 날려버리니, 각다귀 모기가 되어 날아갔다. 과양생이 부부는 살아 있을 때도 남의 피만 빨아먹으려고 하더니, 죽 어서도 남의 피를 빨아먹으려고 달겨드는 것이다.

신을 갖겠소, 정혼을 갖겠소

김치 사또는 대별왕이 사건을 처리하는 것을 지켜보며 '과연!' 하고 머리를 끄덕이고 있었다. 대별왕은 처형을 끝내 고 사또에게 다가왔다.

"김치 사또, 강님을 조금만 빌립시다. 저승에 데려가 일 시 키다가 보내드리겠습니다."

강님이 워낙 똑똑하니 욕심이 나서 하는 말이었다. 김치 사또는 두말없이 거절했다.

"강님처럼 영절스러운 관장이라도 있어야 이 고을이 평화롭지 아니하겠습니까?"

"그럼, 우리 반 조각씩 나눠 가지면 어떻습니까?"

강님을 반씩 나눈다니 어떻게? 김치 사또는 궁금했지만 그것마저 거절하기는 곤란할 듯했다.

"정 원하신다면 그리하십시오."

"사또는 육신을 갖겠소이까, 정혼(精魂)을 갖겠소이까?"

"그야 육신을 가지고말고요."

김치 사또는 어리석게도 육체를 가지고 있어야 일을 시킬 수 있다고 생각한 것이다.

대별왕은 즉시 강님의 삼혼을 뽑아 저승으로 가져가버렸다. 순간 강님은 동헌 마당을 걸어가다가 우두커니 서는 것이었다.

김치 사또는 마음이 흐뭇했다. 대별왕까지 모셔다 그 어려운 사건을 처결했으니, 얼마나 통쾌하고 상쾌한가. 사또는 기쁜 김에 술상을 차리라 하고 강님을 청했다.

"강님아, 이 술 한 잔 받고 저승 갔다 온 얘기나 자세히 들려다오."

큰 역할을 한 강님에게 상찬 겸 위로 겸 술을 권하는데, 강님은 여전히 마당에 우두커니 선 채 대답도 않는 것이다.

'저놈 봐라. 대별왕 잡아왔노라고 큰 체해서 말대답도 아니 한다?'

옆에 있는 막대기로 툭 건드렸더니, 강님은 수숫단처럼 픽 자빠지는 것이었다. 가만 보니 강님은 입에 거품을 물고 죽어가고 있었다. 지켜보던 강님의 큰부인이 깜짝 놀라 달려들었다.

"사또, 우리 서방님이 무슨 잘못한 일이 있소!"

억울하고 원통한 김에 사또를 마구 쥐어뜯다보니 이젠 사또마저 죽을 판이었다. 주위 관원들이 겨우 뜯어말렸다.

강님의 큰부인은 섭섭하기 이를 데 없었다. 염습·성복·일포제·동관을 해도 섭섭한 마음 누를 수 없고, 역군을 모아다 상여를 매게 하고 '어거넝창' 상여소리를 불러봐도 섭섭하기 여전했다. 좋은 땅에 감장하고, 초우·재우·삼우제를 지내고, 초하루 보름 삭망제를 지내도 섭섭했다. 소기·대기를 지낸 후에도 섭섭함이 남아, 1년에 한두 번 잊어버리지나 않으려고 삼명절과 기일 제사법을 마련했다.

어리석은 까마귀

한편 강님은 저승에 가서 대별왕의 사자로서 일을 하게

되었다. 하루는 대별왕의 분부를 받았다. 이승에 가서 여자는 70, 남자는 80이 되거든 차례차례 저승으로 오도록 전갈을 하라는 것이다. 강님은 분부대로 적패지를 등에 지고 이승으로 향했다. 길이 하도 먼지라 몇 번이고 쉬어야 했다. 반쯤은 왔을까. 강님이 길가에 앉아 다리를 뻗고 쉬노라니, 까마귀가 한 마리 까옥까옥 날아왔다.

"차사 형님, 그 적패지 내 날개에 끼워놓으십시오. 내 이승에 가서 붙여두고 오리다."

"굳이 그 일을 하겠다는 이유가 뭐냐?"

"차사 형님, 내 시시한 까마귀 노릇에 신물이 났소이다. 소원인즉 이승과 저승을 오가는 귁새가 되고자 하는데, 그러려면 공을 세워야 하지 않겠습니까?"

그러잖아도 다리가 아픈데, 대신 가지고 가서 붙여준다니 반가운 일이긴 했다. 더구나 까마귀가 공을 세워 소원인 귁새가 된다면 모두에게 좋은 노릇이 아닌가. 강님은 미심쩍은 면이 있으면서도 에라, 적패지를 까마귀 날개에 끼워 넣었다.

까마귀는 이승을 향해 파딱파딱 날았다. 한참 날다보니 말 죽은 밭에서 말을 잡는 것이 보였다. 저기 들러 말고기나 한 점 얻어먹고 갈까 하고 까마귀는 나뭇가지에 앉았다. 그런데 아무리 기다려도 작업이 쉽게 끝나지 않는다. 까마귀는 기다리기에 지쳐 재촉하듯 '까옥까옥' 울었다. 때마침 말을 잡던 백정이 말발굽을 끊어서 휙 던졌다. 까마귀는 저를 맞히려는가 겁이 나서 퍼뜩 날아올랐다. 그런데 그만 활짝 벌린 날갯죽지에서 적패지가 도록 떨어져버리는 것이었다. 담 언저리를 기어가던 하얀 뱀이 그 적패지를 꿀꺽 삼키고는 구멍으로 들어가버렸다. 뱀이 아홉 번 죽었다가도 열 번 살아나듯 오래 사는 이유는 다 이 적패지를 삼킨 때문이다.

까마귀는 적패지를 아무리 찾아봐도 찾을 수가 없었다. 방금 떨어뜨린 적패지가 감쪽같이 사라지다니 이상한 일이 아닌가. 앞을 보니 솔개가 한 마리 앉아 있었다. 능청스러운 모양새가 요놈이 훔친 게 틀림없다고 까마귀는 생각했다. 까마귀는 날쌔게 솔개한테 달려들며 외쳤다.

"내 적패지 달라, 까옥."

솔개도 펄쩍 날아올라 까마귀와 접전을 불사한다.

"아니 보았노라, 뺑고로록."

까마귀와 솔개는 한참 격렬하게 다투었다. 피가 튀기고 두 새의 깃털들이 공중에 분분했다. 그러나 좀처럼 승부는 나지 않았다. 아무리 다투어봐도 소용이 없자, 까마귀는 아무렇게라도 전갈하고 오는 수밖에 없다고 생각했다. 솔개와의 싸움을 멈추고 이승으로 날아간 까마귀는 되는 대로 외쳐댔다.

아이 갈 데 어른 가십시오, 까옥.

어른 갈 데 아이 가십시오, 까옥.

부모 갈 데 자식 가십시오, 까옥.

자손 갈 데 조상 가십시오, 까옥.

조상 갈 데 자손 가십시오, 까옥.

까마귀가 되는 대로 전달하는 바람에 사람들은 어른 아이 할 것 없이 자꾸만 죽어갔다. 며칠 새에 저승 초군문이 가득하게 망자들이 몰려드는 것이다. 동자판관은 판결을 하다가, 아무래도 이상해 강님을 불러들였다.

"차례차례 오라고 했는데 아이 어른 할 것 없이 한꺼번에, 더구나 순서도 없이 몰려드는 이유가 무엇이오?"

강님은 대답할 길이 없어 까마귀를 불러다 문초했다. 까마귀는 말 죽은 밭에 들렀다가 적패지를 잃어버린 전말을 아뢰었다.

"어리석은 까마귀야, 그래놓고 궉새가 될 꿈을 꾼단 말이냐!"

화가 치민 강님은 까마귀를 보릿대 형틀에 묶어놓고 밀대 곤장으로 아랫도리를 후려갈겼다. 그 때문에 까마귀는 바로 걷지 못하고 아장아장 걷게 되었다.

명감 사마니를 잡아들이라

한편 대별왕은 정명이 다 되어도 '사마니'라는 인간을 잡아오지 못해 곤경에 빠져 있었다. 하루는 강님을 불러들였다.

"사마니를 잡고자 그간 아이 차사를 보내면 어른이 되고, 어른 차사를 보내면 아이가 되어도 잡아오지를 못하니 어인 일인가? 네가 가서 사마니를 잡아온다면 후히 상급을 내리리라."

대별왕을 곤경에 빠뜨린 사마니는 저승에도 그 이름이 높았다. 목숨 연장에 관한 한 신적 경지에 달했다 해서 명감(冥監)이라 했는데, 이른바 죽음을 초월한 대감이라는 뜻이다.

"분부 받들어 뫼시오리다."

강님은 까마귀 사건으로 실추된 명예를 회복하려고 별렀다. 우선 동자판관에게 가서 사마니에 대한 자세한 이야기를 들어보기로 했다.

"이 명감 사마니는 지금 주년국에 살고 있소이다."

동자판관은 사마니의 내력을 죽 풀어놓았다.

사마니는 가난한 집안에서 태어난데다 세 살에 어머니를 여의고 다섯 살에 아버지를 여의어 의지할 곳이 없었다. 하릴없이 집집마다 돌아다니며 문전걸식을 하며 자랐다. 비록 거지 생활을 하여도 행실이 얌전하여 사마니는 동네 사람들의 칭찬을 받았다. 열다섯 살이 되니, 동네 어른들이 돈을 조금씩 모아 장가를 보내주었기에 사마니도 그럭저럭 살림을 차릴 수 있었다. 다행히 사마니 부인은 바느질 솜씨가 좋았다. 이 집 저 집 바느질 품팔이를 해주며 푼푼이 모은 돈으로 부부는 끼니를 이어갔다.

세월이 지나자 자식도 하나둘 생겨났다. 자식이 늘어나니 살림이 힘에 겨웠다. 하루는 부인이 가위로 치렁치렁한 머리를 잘라놓고 남편 사마니를 불렀다.

"이 머리 장에 가지고 가서 돈 석 냥 받고, 그 돈으로 아기들 먹일 곡식이나 사오십시오."

"그리하리다."

사마니는 장에 가 부인의 머리카락 판 돈 석 냥을 쥐고 보니 이만저만 큰돈이 아닌 걸로 여겨졌다. 이걸로 집을 살까, 밭을 살까 하면서 장판을 돌아다니는데, 사람들이 웅성웅성 모인 곳을 지나게 되었다. 목을 늘여 바라보니 부지깽이처럼 길쭉한 것을 팔고 있었다. 사마니가 처음 보는 물건이었다.

"이건 뭡니까?"

"조총이라는 거외다. 이것만 가지면 얼마든지 먹고 입고 할 수 있소."

"얼마나 받습니까?"

"많이도 말고 돈 석 냥만 내시오."

사마니는 돈 석 냥으로 조총을 사들고 돌아왔다. 부인은 언제면 쌀을 사와서 아이들 밥을 해줄까 눈이 빠지게 기다리는데, 남편은 부지깽이 같은 이상한 것을 사들고 오는 것이다.

"이게 쌀입니까?."

"모른 말 마오. 이것만 가지면 먹고살아갈 도리가 있다고 하더구먼."

그날부터 사마니는 총을 메고 사냥에 나섰다. 깊은 산중으로 들어가 높은 언덕 낮은 구렁 곳곳마다 헤매어도 노루 한 마리 걸리지 않았다. 매일처럼 허허 빈손으로 돌아오는 수밖에 없었다.

"서방님, 어느 게 노루며 어느 게 사슴입니까? 이 불쌍한 아기들을 어떻게 먹여 살리렵니까?"

"좀 기다려보시오. 고기도 한 더미, 가죽도 한 더미, 더미 더미 쌓아먹을 때가 있으리다."

부인의 성화가 대단했으나 사마니는 그때그때 잘 넘겼다. 오늘이나 잡힐까 내일이나 잡힐까 사마니는 매일 산중을 헤맸다.

어느 날이었다. 짐승은 한 마리도 잡지 못한 채 황혼이 지는 산길을 걸어 집으로 향하고 있었다. 우연히 왼쪽 발에 무엇이 툭 채었다. '어처!' 다시 발걸음을 옮겨놓으려 하니 또 왼쪽 발에 툭 챈다. 세 번을 거듭 왼쪽 발에 무엇인가 채는 것이었다.

'왼발을 채면 재수가 좋다는데, 여기 무엇이 있는가 보다.'

사마니는 막대기로 주위의 풀섶을 여기저기 두들겨봤다. 쨍그렁 하고 이상한 소리가 났다.

'이게 무슨 소린가?'

풀섶을 헤쳐보니 100년쯤 묵은 듯한 해골이 뒹굴고 있는 게 아닌가.

'에에, 더럽다.'

사마니는 못 본 체 지나가려고 발걸음을 옮기니, 이상하게도 다시 왼쪽 발이 툭 채는 것이었다.

'이상하다. 필시 곡절이 있는 게다.'

사마니는 한참 서서 생각에 잠겼다. 아무래도 예사 것은 아니었다. 이렇게 왼발이 연달아 챌 수가 있는가. 혹시 이 해골이 우리 집안을 지켜줄 조상인 것은 아닐까. 사마니는 100년 해골을 곱게 모셔 집으로 돌아왔다. 동네 사람이 눈치 못 채도록 고방의 큰 독 속에 모셔 조상님으로 위했다. 집안에 제사 명절이나 대사가 있을 때마다 맨 먼저 음식을 올려 흠향하며 복을 빌곤 했다.

그 후 사마니는 재수가 대통하기 시작했다. 사냥을 나가기만 하면 노루며 사슴이 뭇으로 잡히는 것이다. 가죽도 더 미로, 살코기도 더미로 마당 가득하게 쌓아올려 놓았다. 동네 마소란 마소는 다 동원하다시피 하며 매일같이 장판으로 실어 날라 팔았다. 사마니는 삽시에 부자가 되었다.

이대로 죽을 수는 없다

몇 년이 흘렀다. 어느 날 사마니가 곤히 잠들었는데, 백발 노인 하나가 고방에서 나오는 게 보였다. 모셔놓은 100년 해골 조상이 현몽한 것이다. 백발노인은 사마니 부부를 불러 일렀다.

"사마니야. 어찌 그리 무심히도 잠을 자느냐? 잘 들어두어라. 사마니 네 정명이 서른, 이제 만기가 되어 저승 대별왕한테 너를 잡아가려는 삼차사가 곧 내릴 것이다. 사마니야, 죽고 싶지 않거든 어서 일어나 전조단발(剪爪斷髮)하고, 저 삼거리에 가서 정성을 드려라. 삼거리 길에 족자 병풍을 두르고 비자나무 겹상에다 맑은 음식을 단정히 차려 향촉을 돋우고, 네 성명 석 자를 써서 제상 밑에 붙여놓아라. 그 후 너는 100보 바깥에 엎드려 조용히 기다리되, 누가 불러도 얼른 대답을 말았다가, 세 번째 부르거든 머리를 들어 대답을 하여라."

노인은 사마니에 이어서 그의 부인에게도 분부했다.

"사마니 부인일랑 날이 새거든 심방을 청해다 마당에 염랫대를 세우고 시왕맞이굿을 하라. 관대 세 벌, 띠 세 개, 신발 세 켤레를 마련하고, 큰 주석 동이에 좋은 쌀을 담아 가득 올리고, 또 황소 아홉 필을 대령하여 액을 막도록 하라."

벌떡 깨고 보니 꿈이었다.

'정명 30이라니, 지금 살 만한데 이대로 죽을 수는 없다!'

사마니는 식은땀이 흘렀다. 사마니 부부는 즉시 심방을 청해다 마당에 염랫대를 세우고 시왕맞이굿을 시작했다. 날이 저물자, 사마니는 삼거리 길로 나가 조용한 곳에 족자병풍을 둘러치고, 비자나무 겹상에다 말발굽 같은 흰 시루떡에 계란 안주·청감주·갖가지 음식을 단정히 차려놓았다. 백발노인 분부대로 '사마니' 이름 석 자를 써 제상 밑에 붙여두고 100보 바깥에 가 조용히 엎드리고 있었다.

초경·이경·넘어 삼경이 박두하니, 과연 대별왕의 분부를 받은 삼차사가 내려섰다. 사마니는 엎드린 채로 동정을 살폈다. 삼거리로 가까이 다가오며 차사들이 말을 나누고 있었다.

"이상하게도 시장기가 한이 없네."

"나도 그렇소."

"어디서 나는지 좋은 향내가 그윽하네그려."

"저기 불이 켜져 있구먼. 저기를 가봅시다."

삼차사는 삼거리에 오더니, 음식상을 발견하고는 청감주며 계란 안주며 닥치는 대로 먹기 시작했다. 시장기에 몰려 앞뒤를 생각할 여유가 없었던 것이다.

"허, 이젠 얼마든지 산이라도 넘고 물이라도 건너겠구나."

배가 부른 차사들은 그제야 정신이 나서 제상 밑을 보는 것이었다. '사마니'라는 이름이 써 붙여 있는 게 아닌가.

"이거 큰일 났구나."

"무슨 일이 있소?"

"이거 보오. 여기 우리가 데려갈 사마니 이름이 씌어 있소."

삼차사는 주저앉아 걱정을 하기 시작했다.

"이것 참. 사마니가 차린 음식을 먹어버렸으니, 이 일을 어찌하면 좋을꼬?"

"그리 말고 우선 사마니 이름을 한 번씩 불러보는 게 어떨까? 대답이 없으면 다른 사람이 차린 음식일 수도 있고 하니……."

"그리해봅시다."

천황차사가 "사마니야!" 불렀다. 대답이 없다. 지황차사가 "사마니야!" 하고 불러도 대답이 없었다. 인황차사가 "사마니야!" 하고 이름을 불렀더니, 100보 바깥에서 "예!" 하며 얼굴을 드는 것을 보니 사마니가 틀림없었다. 삼차사는 다시 앉아 의논하기 시작했다. 남의 음식을 공짜로 먹어 목 걸리는 법인데, 이렇게 푸짐히 잘 먹어놓고 사마니를 잡아갈 수도 없는 노릇이다. 나중이야 어떻게 되든 우선 사마니의 집에나 가보자고 의논이 되었다.

사마니를 앞세워 집에 가보았다. 염랫대를 세워놓고 시왕맞이를 하는데, 심방이며 사마니 부인이며 그 차림새에 정성이 지극할 뿐 아니라, 관대 세 벌, 띠 세 벌, 신발 세 켤레에 황소 아홉 필까지 대령하여 액을 막고 있는 것이었다.

'이러고 보니 더욱 잡아갈 수 없겠구나.'

에라, 모르겠다 하는 심정으로 삼차사는 권유하는 음식을 받아먹고, 쌀동이며 황소며 주는 대로 받아놓았다. 먼 길을 오느라 신발도 떨어지고 관대도 떨어진 판이라, 신발이며 관대며 새것으로 갈았더니 기분이 몹시 상쾌해졌다. 후한 대접을 받은 삼차사는 사후대책을 의논했다. 궁즉통이라, 곧 묘안이 떠올랐다. 저승으로 돌아가서 동자판관실의 장적에 사마니의 정명을 고쳐버리자는 것이다. 삼차사는 사마니를 잡지 않고 그대로 돌아갔다.

대별왕 이하 동자판관까지 시왕맞이굿을 받으러 인간세계로 내려가버린 틈에 삼차사는 슬쩍 동자판관실로 들어가

장적을 펴놓았다. 장적에는 물론 사마니의 정명이 30(三十)이라 씌어 있었다. 차사들은 붓 한 자루를 꺼내어 벼루에다 적셨다. 장적 삼십의 열 십(十) 자 위에다 눈을 딱 감고 한 획을 싹 비껴 그어버렸다. 십 자는 1,000(千) 자가 되고 사마니의 정명은 3,000년이 된 것이었다.

"자, 이만하면 됐다."

장적을 들여놓고 삼차사는 동자판관실을 나왔다. 얼마 있더니 대별왕 이하 동자판관이 시왕맞이 굿을 마치고 들어와 삼차사를 불렀다.

"어째서 사마니를 잡아오지 않았느냐?"

"대별왕이시여, 동자판관에게 확인해보옵소서. 사마니는 아직 정명이 아닌데 어찌 잡아들이라 했사옵니까?"

"뭐라고? 그게 무슨 말이냐?"

동자판관이 장적을 싹싹 걷어놓더니,

"하, 이거 오착이 되었소이다. 30년인 줄 알았는데, 십 자 위에 한 획이 더 있는 걸 몰랐사옵니다."

동자판관은 대별왕에게 죄송한 듯이 아뢰었다.

이렇게 하여 주년국 땅 사마니는 삼차사에게 액을 막아 3,000년을 살게 되었다는 것이다.

결국 강님이 손에 잡히는구나

사마니의 내력을 듣고 강님은 미소를 지었다.

'딴은 영리한 사마니로군.'

그러나 사마니를 잡아오라는 대별왕의 분부를 받들 자신감은 있었다. 사마니 이야기를 들으며 묘책을 이미 떠올린 탓이다. 강님은 곧 이승으로 내려와 숯을 몇 말 얻었다. 그러고는 사람의 왕래가 많은 길가 시냇물에 숯을 담그고 바드득바드득 씻기 시작했다. 며칠간을 계속 씻고 있었더니, 어떤 건장한 사내가 지나다가 보고 묻는 것이었다.

"어째서 시냇물에다 숯을 씻고 있으시오?"

"검은 숯을 100일만 씻으면 백탄이 되는데 그것이 100가지 약이 된다 하길래 씻고 있습니다."

사내가 껄껄 웃었다.

"이보시오, 이 사마니가 3,000년을 살아도 그런 말은 듣기가 처음이오."

'옳지. 요놈이로구나!'

강님은 날쌔게 달려들어 사내를 밧줄로 꽁꽁 묶어놓았다.

"사마니야, 내가 너를 잡아갈 강님이다!"

"어떤 차사가 와도 나를 잡는 이 없더라마는, 3,000년을 살다보니 결국 강님이 손에 잡히는구나."

사마니는 체념하고 순순히 강님을 따라 저승으로 갔다. 대별왕에게 잡아다 바쳤더니 대별왕은 크게 칭찬하고 약속한 상급을 내렸다.

  "과연 강님이 영절스럽도다. 제아무리 명감인들 강님한테는 어쩔 수 없는 일이로구나. 이제부터 사람 잡아오는 이승 차사로는 천상천하 오직 강님이 있을 뿐이다!"

부신(富神) 칠성아기

칠성제를 올리다

송핏골 짓너븐밭에 장설룡과 송설룡이 부부가 되어 살고 있었다. 살림은 가난하고 나이 오십을 먹도록 자식도 없었다. 하루는 용한 점쟁이가 옆 마을에 났다는 소문을 듣고, 부부는 그 점쟁이한테 남은 운세나 물어보고자 허위허위 찾아갔다. 점쟁이는 부부의 이름을 묻고 그 면면을 살펴보더니,

"이름에 용(龍) 자가 들어 있으니 길조요. 칠성단을 만들어 칠성제를 지내면, 없던 돈도 생기고 없는 자식도 나고 부

귀영화를 누리겠쇠다."

하는 것이었다.

"칠성제는 어떻게 지내면 되겠습니까?"

"장독대 뒤에 칠성단을 만들고 촛불을 일곱 개 켜놓으시
오. 밥 일곱 사발, 떡도 일곱 쟁반, 미녕(천)도 일곱 필, 잔도
일곱 개를 올려 칠월칠석날까지 일주일간 기도를 올리면 될
것이외다."

장설룡·송설룡 부부가 정성을 들여 칠성제를 지내자, 과
연 칠석날 아침에는 북두칠성의 일곱 성군이 송핏골로 내려
오는 것이었다. 원성군·목성군·계성군·명성군·복성군·연
성군 등 여섯 성군이 다 내려와 상을 받았으나, 넷째 동성군
만은 늦게 도착했다.

동성군은 천상에서 죄를 지어 인간세상에 귀양 와 있는
신세였는데, 아이들을 모아놓고 글을 가르치며 먹고살고 있
었다. 날이 저물 무렵 마당에 내려서서 천기를 짚어보니 여
섯 성군이 모두 송핏골 짓너븐밭 장설룡·송설룡 집으로 가
려고 하는 게 보였다.

'오랜만에 동기들이나 만나보자.'

동성군은 글공부하던 아이들을 일찍 돌려보낸 후 의복을
차려입고 떠날 채비를 했다. 아이들이 모두 기뻐하여 돌아갔
는데, 똑똑한 수제자 하나만은 군복을 차려입고 몰래 동성군

을 뒤따라갔다.

동성군이 송핏골에 늦게 도착해보니, 여섯 성군은 이미 음식대접을 받고 문을 나오고 있었다. 동성군은 대접받을 시간이 없어 솔내송(떡) 두 덩어리만 주머니 속에 슬쩍 숨겨가지고 나왔다. 뒤쫓아온 수제자는 대문 앞 팽나무 위에서 동성군이 하는 양을 모두 지켜보고 있었다.

일곱 성군이 문밖에서 의논을 했다.

"남의 것을 공짜로 먹으면 목에 걸리고, 남의 옷 공짜로 입으면 등이 시린 법입니다. 장씨·송씨가 우리를 잘 대접했으니 어떻게 치사하면 좋겠습니까?"

"나는 부부 명이나 길게 해주리다."

첫째성군이 말했다.

"난 가보전답을 내려주겠소."

둘째성군이 이어 말했다.

"오랫동안 자식이 없었으니, 난 생불꽃을 내어 자식을 선물하겠소."

셋째성군이 약속했다. 이제 넷째 성군인 동성군이 약속할 차례였다.

"난 맨 나중에 상을 받았으니 맨 나중에 말하리다."

동성군이 차례를 미루자, 다섯째가 말했다.

"난 하늘로부터 오는 액을 막아주겠소."

그러자 여섯째는,

"땅으로부터 오는 액은 내가 막아주려오."

했고, 곧이어 일곱째 성군도 말했다.

"나는 사람으로부터 오는 액을 다 막아주리다."

마지막으로 순서를 미뤘던 넷째 동성군 차례가 되었는데, 그 표정이 심상치 않았다.

"난 저것들 봉사나 만들어주고 가겠소."

말이 떨어지자마자, 다른 성군들이 펄쩍 뛰었다.

"아니, 그런 말이 어디 있습니까?"

"정성을 악으로 갚으시려요?"

그래도 동성군은 굽히지 않았다.

"내게 생각이 있으니 나중에 알게 될 것이오."

동성군의 엉뚱한 말에 왈가왈부하던 일곱 성군은 하늘에 돌아갈 시간에 쫓겨 모두 송핏골을 떠나버렸다.

봉사가 된 장설룡·송설룡

동성군이 다음 날 제자들을 모아놓고 글을 가르치는데 수제자가 물었다.

"선생님, 어젯밤에 어디 갔다 오셨습니까?"

"송핏골에 제사상 받으러 갔다 왔느니라."

"상은 받으셨습니까?"

"받았다."

"늦게 가시는 바람에 상은 못 받았잖습니까?"

수제자는 빤히 스승을 쳐다보았다. '옳은 것을 가르쳐야 할 스승이 떡을 훔친데다 거짓말까지 하시면 되겠습니까?' 하는 표정이었다. 동성군이 끄응 신음소리를 낸다.

"괘씸한 녀석, 네 놈이 따라왔던 게로구나. 아무도 오지 말라 했거늘, 왜 내 말을 어겼느냐?"

"소생, 선생님 가시다가 도적이나 만날까 걱정이 돼서 군복을 차려입고 따라갔었습니다."

"가서 무엇을 봤느냐?"

"떡 두 개를 주머니에 담고 오시는 걸 봤습니다."

"허허허!"

동성군은 너털웃음을 웃은 후 물었다.

"예리한 눈썰미가 과연 내 수제자답구나. 그렇다면 돌려주지 않을 수 없게 됐는데, 네가 내 옷을 입고 가 이 떡을 되돌려줄 수 있겠느냐?"

"하명하신 대로 따르겠습니다."

수제자가 솔내송 두 개를 가지고 송핏골로 가보니, 장설룡의 집에는 금줄이 쳐 있었다. 금줄 아래로 들어간 수제

자는,

"먹을 것 좀 주시오!"

소리를 질렀다.

하인이 나오더니 대뜸 욕부터 했다.

"식사 시간이 지났으니 걸인은 나가오."

"어젯밤 제사를 지낸 것 같은데, 퇴물이라도 좀 주시구려."

"아무것도 없어!"

"허, 인심 한번 고약하군."

하인과 수제자가 서로 실랑이를 하다가 싸움으로 번졌다. 마당이 시끄러워지자 장설룡 내외가 나왔다.

"왜 이리 소란한고?"

"주인님네, 혹시 어젯밤 뭐 잃어버린 거나 없소?"

수제자가 물었다.

"하긴 어제 제사 지내다가 솔내송 두 개를 잃었소만."

"이게 그것 아닙니까?"

수제자가 손 위에 떡 두 개를 꺼내놓으니 장설룡이 보고 호통을 친다.

"네놈이 바로 도둑놈이었구나! 이놈을 잡아라."

고마워해야 할 주인이 오히려 화를 내자 수제자도 화가 났다. 떡 두 개로 냅다 장설룡 내외를 맞혀버리고 도망쳤다. 떡에 눈을 맞은 장설룡·송설룡 내외는 봉사가 돼버렸다.

칠성아기의 탄생

얼마 후 온 나라가 뒤집어지는 병란이 났다. 정치에 불만을 품은 수만 군사들이 봉기한 것이었다. 군사들은 장설룡의 집으로도 몰려왔다.

"이 늙은 연놈들, 예전 벼슬 살 때 남의 돈도 많이 털어먹었을 터이니 배때기나 밟아버리고 가자."

그러나 두 내외는 봉사인데다 몸에는 물비리·강비리 등 허물이 창궐하여 오래 살 것 같지 않았다.

"그냥 두어도 굶어 죽겠구면."

군사들이 침을 찍찍 뱉으며 그냥 가버리는 통에 다행히 두 내외는 목숨을 건지게 되었다.

"우리가 잘못하여 그 죄로 봉사가 됐지만, 죽지 않고 살아 있는 것만은 성군님네 덕이로구나."

내외는 고마운 마음에 다시 정성스레 칠성제를 올렸다. 이번에는 일곱 성군이 약속한 대로 각각 복을 내려줬다. 두 내외는 이전처럼 눈을 뜨고, 가보전답들이 숱하게 생겨나 일거에 천하 거부가 되었다. 또한 송설룡 부인은 오래 기다리던 아기를 잉태했고, 달이 차자 어여쁜 딸을 순산했다. 장설룡 내외는 칠성제를 지내 얻은 아이라는 뜻에서 이름을 '칠성아기'로 지었다.

칠성아기가 일곱 살 나는 해, 장설룡 내외는 천지왕의 부름을 받아 하늘궁전에 벼슬살이를 떠나야 했다. 하늘궁전에 벼슬살이 갈 적엔 아무도 데리고 가지 못하는 법이다. 그래서 칠성아기는 하인에게 맡겨둘 수밖에 없었다.

떠나는 날 아침 붉은 독교를 타고 장설룡·송설룡 부부가 하늘로 오르려 하자, 칠성아기는 울며불며 가마를 따라가려 했다.

"어머니 아버지, 저도 같이 가렵니다!"

그러나 부부는 이를 뿌리치지 않을 수 없었다. 부부는 눈물을 흘리며 가마를 재촉하여 하늘로 향했다. 칠성아기는 부모 몰래 펄쩍 뛰어 가마의 뒤를 붙잡았다. 가마는 하늘을 향해 오르고, 뒤에 매달린 칠성아기도 동동 떠서 부모 가는 길을 따르고 있었다.

얼마나 매달렸을까? 태양이 몹시 따갑게 느껴질 만큼 높이 올라갔을 때 힘이 부친 칠성아기는 그만 가마를 놓치고 말았다.

"아아!"

땅을 향해 하늘하늘 낙하하는 칠성아기의 몸은 허물을 벗듯이 꿈틀거리며 서서히 하얀 뱀으로 변해갔다. 하늘 중간쯤에 이르자 난데없이 바람이 불고 안개가 자욱해졌다. 멀리서 바라보면 마치 하얀 용 한 마리가 구름 속에서 호풍환우하는 듯한 모습이었다.

중천에서 완전히 하얀 뱀으로 변한 칠성아기는 마침내 바람 잔 잔소낭밭에 사뿐 내려앉았다. 칠성아기는 잔소낭밭을 스륵스륵 기어가다 돌담을 만났다. 그 틈새로 빠져나오는데, 마침 하늘에서 뭔가 툭 떨어지는 것이었다. 차사가 저승으로 데려갈 사람들 이름이 가득 쓰인 적패지였다.

위를 보니, 강님 차사의 심부름을 가던 까마귀가 말고기에 정신을 팔다 실수로 떨어뜨린 것임을 알 수 있었다. 칠성아기는 그 적패지를 냉큼 삼켜버렸다. 그리하여 하얀 뱀 칠성아기는 아홉 번 죽었다가도 아홉 번 환생하는 불멸의 존재가 된 것이다.

패지를 삼킨 칠성아기

스륵스륵 땅 위를 움직이던 칠성아기는 저녁이 되자, 어느 바닷가에 이르게 되었다. 날씨는 춥고 몸을 가릴 곳은 없었다. 바닷가에는 파도 따라 먼 데서 밀려온 무쇠상자가 있었다. 칠성아기는 그 상자 안에 들어가 밤을 새우리라 마음먹었다. 칠성아기가 상자 속으로 들어가자 상자는 저절로 잠겨버렸다.

다음 날 아침, 마침 이곳에서 물질을 하던 잠수(潛嫂) 일곱 명이 상자를 발견했다. 상자 주위로 영롱한 빛이 발산되고 있어 무척 귀한 물건인 것처럼 보였다. 일곱 잠수들은 서로 상자를 차지하기 위해 머리끄덩이를 매며 싸웠다.

"내가 처음 보았다!"

"무슨 소리! 내 손이 맨 먼저 닿았어!"

잠수들은 서로 밀치며 상자를 먼저 열려고 했다. 그러나 상자는 쉽사리 열리지 않았다. 마침 고기 낚으러 가던 어부 영감이 잠수들이 싸우는 것을 보고 뜯어말렸다.

"허어, 아침부터 싸우지들 말게. 내가 상자를 열어볼 테니, 금이 나오든 옥이 나오든 안에 있는 것은 너희가 똑같이 갈라 가지고 상자는 나를 주면 담뱃갑으로나 쓰겠네."

잠수들은 그 말에 따르기로 했다.

어부 영감이 주먹에 기를 모아 상자를 세 번 치자 문이 설컹 열렸다. 상자 속에는 커다란 하얀 뱀이 곱게 똬리를 틀고 있었다. 잠수들은 놀라 입을 다물지 못했다.

"웬 하얀 구렁이가 상자 속에!"

어부 영감이 기침을 두어 차례 하고 정색하며 말했다.

"이는 어느 한스러운 영혼이 흰 뱀으로 변해 앉아 있는 것이네. 잘 모시면 영검을 줄 것이요, 그렇지 않으면 화가 있을지라."

그 말을 들은 잠수들은 하얀 뱀을 위로하기 위해 큰굿을 열기로 했다. 굿에 쓸 해산물을 구하려고 바다에 들어갔는데, 얼마 전까지만 해도 좀체 안 보이던 전복, 소라가 부지기수로 잡히는 것이었다.

"과연 신령이시로세."

굿을 마치고 집으로 돌아온 사람들은 그때부터 이 하얀 뱀을 신으로 모시게 됐는데, 갈수록 재산이 불어나고 자손이 번창했다. 이 소식을 들은 마을 주민들도 모두 같은 신을 모시기 시작했다.

고방(庫房) 안 칠성신으로 자리하다

하루는 칠성아기가 바닷가를 벗어나 마을로 나들이를 했다. 칠성아기는 가락쿳물의 물 내려가는 구멍을 타고 하류에 자리 잡은 산지물까지 내려왔다. 마침 이곳에 빨래하러 왔던 송 대감집 따님아기의 자태가 아름다워 칠성아기는 그의 물구덕(바구니)에 슬쩍 들어갔다.

송 대감집 따님아기는 집에 가서 물항아리를 꺼내려다가 하얀 뱀을 발견하고 몹시 놀랐다. 따님아기의 비명을 듣고 달려온 송 대감 부부는 이 하얀 뱀이 보통 뱀이 아니라는 것을 금방 알아챘다.

"우리를 살리려고 온 조상(神)이시어든 집 안으로 들어오십시오."

송 대감네는 칠성아기를 고방 안으로 정중히 모셨다.

그래서 칠성아기는 송 대감집에서 살게 되었는데, 송 대감네는 이때부터 재산이 크게 늘고 일가에 벼슬아치도 많이 나오는 등 집안이 흥성했다. 송 대감집이 있는 거리는 자연스레 '칠성골'이라 불리게 되었다.

칠성제로 태어난 칠성아기는 이처럼 집안을 천하 거부로 만들어주는 고방 안의 '칠성신'이 되어 사람들의 섬김을 받게 되었다.

보리농사 가을추곡

시만국(新萬穀) 만발시켜

대독 소독 검은 독 노린 독 대두지 소두지

동창궤 서창궤 남창궤 북창궤 차지하곡

섬지기 말지기 되지기 홉지기 거느리어

자손대대에 먹을

오곡풍년 시켜줍서.

오곡풍년 시켜줍서.

할로영산 궤네깃도

천지왕, 천하를 굽어보다

천상천하가 정돈되자 천지왕은 평안했다. 사람들은 부지런히 태어나고 성장하고 서로 사랑하고 다투고 화해하면서 살다가 죽었다. 그간에 생겨난 여러 신들은 각자의 직능에 따라 숱한 사람들의 삶에 일일이 간여했다. 신들은 사람들이 겪는 심신의 고통을 치유해주고 복을 내렸으며, 때로 악한 행위에는 징벌을 가했다. 하늘의 뜻은 땅에 잘 전달이 됐고, 땅의 일은 하늘과 저승, 서천꽃밭의 법칙에 따라 알맞게 처리되고 있었다. 어제와 같은 오늘이요, 오늘과 같을 내일이었다.

그러나 그 모든 것이 너무나 자연스러워져서 사람들은 오히려 하늘의 존재를 조금씩 잊어가지 않을 수 없었다.

"모든 것이 이루어졌으나, 어딘지 허전하구나."

천지왕은 중얼거렸다.

"아버님의 뜻을 땅 위에 직접 구현하심이 어떻겠습니까?"

아버지 천지왕을 모시고 있던 대별왕이 조심스레 제안했다.

"그게 무슨 뜻이냐?"

"영기 좋은 땅을 골라, 하늘궁전을 닮은 아버님의 나라를 세우는 것입니다."

천지왕은 무릎을 쳤다.

"그 좋은 생각이로다! 땅에 작은 하늘이 있게 한다면 사람들에게 이롭고, 또한 하늘의 존재도 쉬이 잊히지 않으리."

"그렇습니다."

천지왕과 대별왕은 소별왕까지 급히 불러 셋이 함께 천하를 굽어보았다. 오래지 않아 한 곳이 지목되었다.

"저 너른 바다 한가운데 우뚝 솟은 산이 과연 신비롭구나."

"그곳은 천상천하의 영기가 모여드는 곳으로 할로영산이라 하옵니다."

지상을 다스리는 소별왕이 즉시 아뢰었다.

"걸출한 인물이 출생할 만한 기운이 넘치는군요."

대별왕도 한몫 거들자, 천지왕은 흡족한 미소를 띠며 결정했다.

"내 저곳을 땅의 하늘궁전으로 정해, 영웅이 탄생하도록 하리라."

그리하여 세상에선 할로영산 땅에 새로운 영웅이 탄생하기를 고대하게 되었다.

할로장사 소천국

소천국은 할로영산 땅 가는머들 잔소낭밭 밑에서 솟아났다. 어려서부터 힘이 장사이고 식성이 좋았다. 소천국은 배가 고프면 사냥개 늬눈이반둥갱이를 데리고 영기(靈氣)가 천하제일인 할로영산에 올라 짐승을 사냥했다. 소와 말, 산돼지·궁장노루·대강록·소강록·꿩 등등 할로영산엔 짐승이 많았다. 소천국은 잡아먹은 짐승 가죽으론 옷을 만들어 입었다. 상의는 청달피, 하의는 흑달피, 감투와 버선은 소록피로 마련했다. 모든 게 흡족했으나 단 한 가지, 아이를 낳아줄 여자가 없는 게 아쉬웠다.

흰 모래밭에서 태어난 백주또

백주또는 서울 남산 기슭 흰 모래밭에서 태어났다. 아버지는 백정승이요, 어머니는 바다 한편에 있는 해송국에서 온 용부인이었다. 백주또는 어려서부터 성정이 거세더니 열일곱 살 나던 해에 그만 중의 아이를 배고 말았다.

"늘 요망한 짓을 일삼더니, 그예 중놈의 새끼까지 배었단 말이냐!"

화가 난 백정승 부부는 백주또를 무쇠상자에 넣어 바다로 띄워버렸다. 정처 없이 흘러가던 무쇠상자는 해송국을 거쳐 가게 되었다.

해송국에는 백주또의 외삼촌이 열두 명이나 있었다. 그들은 부모한테 버림받은 조카딸을 불쌍히 여겼다. 그러나 백주또의 배가 나날이 불러오는 바람에 해송국에 오래 머무르게 할 수도 없었다. 외삼촌들은 백주또에게 여러 가지 부술(符術)을 가르쳐주었다. 얼마 후 백주또가 해송국을 떠날 때는 파란 주머니에 파란 요술가루를 담아주었고, 만일에 대비해 바람을 다스릴 수 있는 백부채도 선물로 주었다. 그들은 눈물을 흘리며 백주또를 전송했다.

"할로영산 땅을 찾아가거라. 풍문에 듣기로 거기 천지왕의 후손이 살고 있다 하니 그를 배필로 삼아 의지하거라."

백주또는 작은 배에 실려 어느 바닷가 모래밭에 부려졌다. 백주또는 부른 배를 안고 모래밭에 털썩 주저앉았다.

'할로영산 땅이 어디인가.'

마침 나루터에는 할로영산 땅으로 간다는 배가 한 척 정박해 있었다. 이제 곧 출항할 참인지 선원들이 분주히 움직이고 있었다. 백주또는 허위허위 달려가 외쳤다.

"저기 선주님, 사공님! 할로영산 땅에 저도 함께 데려가주십시오."

"아니, 여자란 꿈에만 실려도 사물(邪物)인 것인데 항차 함께 가자니……. 우리 가는 길을 훼방 놓을 참이란 말인가!"

배는 곧 돛을 올리고 떠나버리는 것이었다. 매정하게 거절당한 백주또는 바닷가에 앉아 백부채를 동쪽으로 한 번 서쪽으로 한 번 흔들었다. 동쪽으로 부치면 동풍이 일고 서쪽으로 부치면 서풍이 불어, 가던 배도 돌아오고 오던 배도 돌아갔다.

할로영산 땅을 향해 가다가 바람에 불려 되돌아온 사공들은 그제야 백주또 앞에 넙죽 엎드렸다.

"아이고, 아기씨. 몰라뵈었습니다. 부디 이 배에 올라타십시오."

"남정네 가는 길에 어찌 사물이 함께 올라 동티를 내겠습니까. 어서 사공님들 갈 길이나 재촉하십시오."

"아기씨, 정말 우리가 잘못했습니다. 어서 이 배에 오르십시오."

사공들이 엎디어 통사정을 하는 걸 한참 보고 나서야 백주또는 못 이기는 척 배에 올랐다. 배는 오랫동안의 항해를 거쳐 드디어 할로영산 땅 수진포로 들어왔다. 구름 속에 아득히 할로영산의 꼭대기가 솟아 있었다.

'정녕 신비로운 산이로구나!'

그러나 막상 목적지에 도착하자 사공들의 생각이 달라졌다. 보아하니 홀몸도 아닌데다 의지할 곳도 없는 여자인데, 차후 처리가 난감했던 것이다. 한참 쑥덕쑥덕하던 그들은 백주또를 다시 무쇠상자에 넣어 바다에 흘려보내기로 의견을 모았다. 사공들이 한꺼번에 달려들자 백주또는 꼼짝없이 상자 속에 갇히고 말았다.

소천국과 백주또의 만남

어느 날 소천국이 할로영산에서 사냥을 마치고 내려오는데 온평 포구에 한 무쇠상자가 표류해 온 것을 발견했다. 무엇이 들었나 싶어 소천국은,

"안에 누가 있느냐?"

발로 툭툭 차며 물었다.

"구……해주십시오."

아니나 다를까 무슨 소리가 새어나오는 것이었다.

"네가 귀신이냐, 사람이냐?"

놀란 소천국이 다시 소리쳐 묻자, 상자 속에서 분명한 여자의 음성이 대답했다.

"사람이옵니다. 어서 상자를 열어주세요."

소천국이 무쇠상자를 여니, 과연 아리따운 여인이 품에 일곱 명의 갓난아이를 안고 있지 않은가. 백주또는 그동안 상자 안에서 딸아이 일곱 쌍둥이를 낳은 것이었다. 갓난아이들이야 어쨌든 소천국은 상자 속의 미인에게 마음을 빼앗겼다.

'필시 영험한 할로영산이 내게 점지해준 짝이로고.'

침을 꿀꺽 삼킨 소천국이 입을 열었다.

"어디서 오는 아기씨요?"

"서울 남산 기슭에서 온 백주또라 하옵니다."

"어떻게 할로영산 땅엘 왔소?"

"할로영산 땅에 천지왕의 후손이 살고 있다 하온즉, 그분과 배필을 맺을까 해서 왔습니다."

그 말을 듣자 소천국은 입맛이 썼다. 하늘이 점지한 짝인 줄만 알았더니 그게 아닌 듯한 것이다. 대체 천지왕 후손이란 자가 할로영산 땅 어디에 살고 있단 말인가? 할로영산 구석구석을 소상히 알고 있지만, 그런 자에 대한 말은 들어본 적이 없었다. 소천국이 할 말을 잃고 우물쭈물하는 사이, 백주또가 당돌하게 물었다.

"어디로 가면 천지왕의 후손을 만날 수 있겠습니까?"

"허, 그게, 천지왕의 후손이라면……"

잠시 생각에 잠긴 척하던 소천국은,

"여기 있으면, 내가 가서 길 인도할 사람을 보내드리겠소."

백주또가 앉아 있는 사이 집으로 뛰어간 소천국은 더러운 사냥옷을 벗어버리고 운문대단 수놓은 옷에 남색 비단쾌자, 꽃무늬 전대를 차고 나타났다. 백주또의 환심을 끌어보려 한껏 차려입기는 했으나, 백주또는 소천국의 뽐낸 차림에 웃음부터 났다.

"소녀의 갈 길을 인도해주실 분인가요?"

"그렇소. 하지만 길이 머니, 아기씨를 일단 우리 집으로 모시겠소이다."

백주또는 소천국을 따라 웃멍둥이·알멍둥이 지경을 내려와 소천국 집에 당도했다. 늬눈이반둥갱이가 컹컹 짖고 집한구석에 소뼈·말뼈가 산더미로 쌓여 있는 게 보였다.

'소도둑놈이요, 말도둑놈이로구나!'

마루에 두 사람이 마주보고 앉자 소천국은 대뜸 제의했다.

"아기씨, 이 소천국하고 배필을 맺어봅시다."

"싫어요!"

겁이 난 백주또는 도망치려고 했지만 소천국에게 손목을 잡히고 말았다. 소천국이 겁탈하려 하자 백주또는 파란 주머니에서 파란 가루를 꺼내 푸 입으로 불었다. 가루를 뒤집어쓴 소천국이 노릇노릇 죽어가는 양하다가 이내 벌떡 일어났다. 천하장사 소천국한테는 요술도 통하지 않았다. 하지만 백주또는 여전히 버티었다.

"더러운 놈 잡았던 손목인들 남겨둘 수 있으랴."

백주또는 은장도를 꺼내 자기 손목을 깎아버리려 했다. 소천국이 황급히 달려들어 백주또의 은장도를 빼앗았다.

'힘이 과연 장사로구나!'

소천국은 다시 백주또의 손목을 부여잡고, 함께 사는 게 어떠냐는 것이다. 거듭되는 간절한 애원에 백주또는 그쯤에서 소천국의 제의를 받아들이기로 했다. 따지고 보면 고립무원의 신세가 아닌가.

그들은 송당리에서 부부의 연을 맺었다. 청미래덩굴 밭의 무성한 억새를 베어 아이들의 이불로 삼았다.

살림을 가릅시다

소천국 부부는 그 후 아들 다섯 형제를 낳고 여전히 늬눈이반둥갱이를 데리고 산짐승을 잡아먹으며 살았다. 그러나 딸 쌍둥이 일곱에 아들 다섯 등 아이가 점점 많아지니 사냥으로만 살아가기가 힘들었다. 여섯째 아이를 뱄을 때, 백주또가 말했다.

"서방님, 아기들은 이렇게 많은데 사냥만으론 살 수 없잖습니까. 농사를 짓는 게 어떻습니까?"

소천국도 같은 생각을 하고 있었다. 백주또 말을 계기로 할로영산 땅 여기저기를 돌아다니던 소천국은 오붕이굴왓 지경에 100섬지기 넓은 밭을 마련했다. 소천국은 당장 그날부터 소에 쟁기를 지워 밭 갈러 나갔다.

백주또는 남편 점심으로 국 아홉 동이, 밥 아홉 동이를 차려서 밭으로 지고 갔다. 열심히 밭 가는 소천국을 물끄러미 바라보다가 백주또는 점심을 소 길마 옆에 내려놓고 돌아갔다.

소천국이 계속 밭을 갈고 있는데 한 늙은 중이 지나가다가,

"여보, 내 배가 몹시 고프니 밥 좀 주시오. 나무관세음보살."

하고 청했다. 흘낏 중을 쳐다본 소천국은,

'늙은이가 먹으면 얼마나 먹으랴.'

생각하고는 길마 옆에 밥이 있으니 먹고 가라고 말했다. 그러자 배가 몹시 고팠던 늙은 중은 염치고 뭐고 국 아홉 동이, 밥 아홉 동이 도합 열여덟 동이를 모조리 쓸어먹고는 도망가버렸다.

소천국이 점심을 먹으려고 보니 밥이 한술도 없었다. 허기를 견딜 수 없는 소천국은 앞뒤 생각하지 않고 밭 갈던 소를 단매에 때려잡았다. 찔레나무에 소를 구워 익었는가 한 점, 설었는가 한 점, 손톱으로 뜯어먹다보니 소 한 마리가 순식간에 없어졌다. 그래도 배가 고프자, 소천국은 주위를 둘러봤다. 옆 밭에 검은 암소 한 마리가 풀을 뜯고 있었다.

'먹음직스럽구나.'

검은 암소까지 때려잡아 구워 먹으니 그제야 다소 요기가 된 듯했다. 쇠머리 두 개를 돌담에 올려놓아둔 채, 소천국은 쟁기를 쇠가죽으로 묶어 배에 대고 밭을 갈기 시작했다.

"어여, 얼싸! 어여, 얼싸!"

백주또가 점심 그릇들을 가지러 왔다가 물었다.

"서방님, 어째서 배때기로 밭을 갑니까?"

"웬 늙은 중이 지나다가 국밥을 다 들어먹고 도망가버리니, 할 수 없이 소를 잡아먹고 이렇게 되었소."

백주또는 돌담 위에 올려놓은 것 중 검은 쇠머리를 발견했다.

"이보시오, 서방님. 우리 소는 그렇다 치고, 남의 소는 왜 잡아먹었습니까?"

"너무 배가 고프니 어쩔 수 없었소."

백주또는 소천국의 변명을 받아들이지 않았다.

"이야말로 소도둑놈이 아니고 무엇입니까? 당장 살림을 가릅시다!"

발끈 화를 내며 돌아간 백주또는 바람 위로 올라가 그날부터 웃송당 당오름에서 살았다. 소천국은 바람 아래로 내려 알송당 고부니마를에서 살았다.

여섯째 아들 궤네깃도

소천국이 배운 것은 본래 사냥질이었다. 백주또와 갈라선 소천국은 마사총을 둘러매고 산야를 휘돌며 노루·사슴·산돼지를 잡아먹었다. 사냥을 다니다가 해낭곳 굴왓에서 오백장군의 딸을 만나 첩으로 삼고 새살림을 꾸렸다.

소천국과 헤어진 백주또는 여섯째 아들 궤네깃도를 낳았다. 이 아들이 세 살이 되자, 백주또는 제 애비를 찾아주려고 아이를 업고 소천국을 찾아왔다. 해낭곳 굴왓 움막에서 고기 삶는 연기가 모락모락 나는 것을 보고 찾아가보니 소천국이 있었다.

"옛소, 서방님 아들 궤네깃도요."

철없는 아이는 아버지를 만나 어리광을 부린다는 것이, 무릎에 앉아 제 애비의 삼각수를 뽑고 가슴팍을 치는가 하면 담배 피우던 곰방대를 흔들어 귀찮게 했다. 아버지 소천국은 화를 냈다.

"이놈은 밴 때도 일이 글러서 살림이 분산되더니, 낳아서도 이런 불효한 행동을 하는구나. 죽여야 마땅할 것이로되, 차마 그럴 수는 없으니 집에서 내쫓으리라."

소천국은 세 살 난 아들을 무쇠상자에 담아 자물쇠로 잠그고 동해바다로 띄워버렸다. 소천국과 백주또의 여섯째 아들 궤네깃도를 태운 무쇠상자는 오랫동안 바다를 이리저리 떠다녀야 했다.

세월이 흘러 궤네깃도는 상자 속에서 열다섯 살이 되었다. 상자는 어느 날 동해 용궁으로 내려가 산호나무 가지에 걸렸다. 평화롭던 용왕국에 그날부터 이상한 변괴가 생겼다. 낮에는 웬 통소 소리가 크게 들리고 밤이 돼도 날이 어두워지지 않는 것이었다.

용왕이 이상히 여기고 세 딸들을 불렀다.

큰아이야 나가보아라.

무엇이 보이느냐?

아무것도 없는데요.

둘째가 가보아라.

아무것도 없네요.

셋째야 가보아라.

아 뭐가 보이네요.

산호수 끝 가지에

안 보이던 상자 하나

외롭게 걸려 있어요.

용왕은 이번에도 딸들에게 시켰다.

"저 상자를 내려보아라."

큰딸과 둘째딸이 차례로 상자를 내리려고 안간힘을 썼으
나 꿈쩍도 하지 않았다. 그런데 막내딸이 상자에 손을 대니
가뿐하게 들렸다. 상자는 내렸는데 이번에는 여는 것이 문제
였다. 큰딸과 둘째딸이 상자를 열려고 해봤지만 어림도 없었
다. 작은딸이 꽃당혜를 신은 발로 돌아가며 세 번 툭툭 차자
무쇠상자가 스륵 열렸다.

상자 속에는 책들이 가득한 가운데, 옥 같은 도령이 붓과
벼루를 옆에 놓고 의연히 앉아 있는 것이었다. 용왕이 물었다.

"어디서 온 도령이냐?"

"조선 남방국 할로영산 땅에서 왔습니다."

"어찌하여 왔느냐?"

"강남 천자국에 국난이 났다 하여, 그 세변을 막으러 가던 중 풍파에 밀려 이곳까지 오게 됐습니다."

궤네깃도는 거짓말을 했다. 그러나 용왕은 쉽사리 속아 넘어갔다. 풍모로 보건대 이자가 필시 천하의 명장이라는 판단이 들었기 때문이다. 내친김에 용왕은 궤네깃도를 사위로 맞아들이기로 마음먹었다.

"우리 용궁을 찾아준 장수를 위해 잔치를 열겠노라."

주위에 명하여 연회를 베푼 용왕은 궤네깃도에게 딸들을 차례로 선보였다. 큰딸, 둘째딸을 선보일 때까지 아무 말이 없던 궤네깃도는 셋째딸이 나타나자 만면에 웃음을 머금었다. 셋째딸은 얼굴을 붉혔다.

"천생연분이로구나. 셋째는 오늘 장수를 뫼시어라."

용왕은 흡족한 얼굴로 말했다.

셋째딸 방으로 들어간 궤네깃도는 아기자기 잘 차린 상을 받았으나, 웬일인지 한술도 입에 대지 않는 것이었다. 셋째딸이 근심 어린 목소리로 물었다.

"할로영산 장수님은 무슨 음식을 즐겨 잡수십니까?"

"할로영산 땅에선 돼지도 통째로 잡아먹고, 소를 잡아도 통째로 먹습니다."

이 말을 전해들은 용왕은 사위 하나 못 먹이랴! 싶은 생각에 그대로 대접하게 했다.

그러나 궤네깃도의 식성은 아버지 소천국을 그대로 물려받은 것이었다. 궤네깃도가 시도 때도 없이 소와 돼지를 잡아먹으니 하루에 75마리의 소, 75마리의 돼지가 없어졌다. 그 왕성한 식성을 그대로 둔다면 아무리 풍족한 동해 용궁인들 견뎌낼 재간이 없었다. 곧 나라가 망할 판인 것이다.

보다 못한 용왕은 마침내 궤네깃도를 내쫓아버리기로 했다. 튼튼한 무쇠상자를 만든 용왕은 궤네깃도와 함께 자기 딸도 넣어 띄워버렸다.

"여자란 것은 출가외인인즉 남편 따라가거라."

궤네깃도, 천자국 난리를 평정하다

한동안 바다를 흘러 다니던 무쇠상자는 강남 천자국 흰 모래사장으로 떠올랐다. 그날부터 강남 천자국에도 조화가 일기 시작했다. 낮에는 큰 소리로 글 읽는 소리가 들리고, 밤에는 바다 한편이 불을 켠 듯 훤하게 밝아지는 것이다. 천자가 복술쟁이를 불러 점을 치도록 했다.

"천하 명장이 우리 천자국을 도우러 온 듯합니다."

마침 천자국에서는 강성한 남북적(南北狄)이 국경을 자주 침범하는 바람에 골머리를 앓고 있었다. 복술쟁이의 말을 들은 천자는 이는 필시 하늘이 천자국을 구원하러 보내신 장수라 여겼다. 의복을 정제한 천자는 하늘 향해 사배하는 등 한껏 예한 후 상자의 문을 열었다.

"천자국을 구원하러 오신 장수시여, 어서 나오시오."

궤네깃도는 부인과 함께 상자에서 나왔다. 천자에게 정중한 예를 올린 후 궤네깃도가 입을 열었다.

"천자국의 환난을 익히 아는 바이오니, 명하시면 남북적의 수괴들을 모조리 처단하여 근심의 뿌리를 없애오리다."

"과연, 과연! 천하 명장의 풍모를 지니셨구려."

천자는 궤네깃도의 두 손을 부여잡으며 감격했다.

천자의 명을 받은 궤네깃도는 곧 황금 투구에 철갑옷을 차려입고 언월도를 치켜들며 싸움판으로 나갔다. 수만 군졸들이 기치창검을 앞세워 궤네깃도를 따랐다. 제1차 출정에서 궤네깃도는 머리가 둘 달린 장수를 죽였고, 제2차 출정에서는 머리가 셋 달린 장수의 목을 베었다. 제3차 출정에서 머리가 넷 달린 장수의 목이 궤네깃도의 칼에 나가떨어지자 더 이상 대항할 적장이 없었다. 용맹한 장수들이 모두 죽어버리니, 남북적의 오합지졸들은 사방으로 뿔뿔이 흩어지고 말았다. 천자국은 다시 평온을 되찾게 되었다.

감격한 천자가 군신들을 모아놓고 궤네깃도에게 포상을 하려고 한다.

"궤네깃도여, 천하에 다시없는 장수로세. 황금 1,000근의 상을 내리고 만호후(萬戶侯)를 봉하리니 백성들한테 존경과 사랑을 받아 평안히 사시오."

그러나 궤네깃도는 이 제의를 정중히 거절했다.

"아니올습니다."

"그렇다면 부디 원하는 바를 말씀해주시오."

"천자국의 난리를 평정했으니 소임은 다한 것, 소장은 본국 할로영산 땅으로 돌아가기 원하옵니다."

여러 차례 만류해도 궤네깃도의 결심은 굳었다. 천자가 탄식한다.

"내 오래전부터 할로영산의 기운이 상서롭기 천하제일이라 들었소. 그 영기로 태어난 만고영웅 궤네깃도를 우리 천자국에 모실 수 없는 게 다만 한스러울 따름이오."

천자는 궤네깃도의 두 손을 붙들고 눈물을 흘리며 이별을 아쉬워했다.

방포를 놓다

천자는 돌아갈 궤네깃도를 위해 급히 커다란 전선 한 척 지을 것을 명했다. 배가 다 만들어지자, 궤네깃도는 산호수와 양식, 수천 군졸을 거느리고 부인과 함께 고향 할로영산 땅으로 향했다.

잔잔한 바다를 순조롭게 항해한 지 며칠이 지나 궤네깃도를 태운 배는 할로영산 땅이 보이는 곳에 이르렀다. 그리던 할로영산 꼭대기는 여전히 하늘 깊숙이 솟아 있었다. 궤네깃도는 부인을 돌아보며 말했다.

"여기가 우리 머물 땅, 산수 좋은 데를 찾아 천년만세 누립시다."

"서방님 계시는 곳이 제가 있을 곳이오니 어디든 좌정하십시오."

할로영산 땅에 오른 궤네깃도는 종달리에 발을 디뎠다. 소금이 가득하여 염전이나 하기 알맞았다. 궤네깃도는 교래리 들판으로, 산굼부리로, 새미오름을 거쳐 웃밤동산·알밤동산·안돌오름·박똘오름 등등을 누비고 다니면서 좌정할 곳을 찾았다.

그간의 소문을 들으니, 오백 장군의 딸인 첩과도 헤어진 아버지 소천국은 해낭곳 굴왓을 나와 송당리로 다시 돌아왔다고 한다. 그러나 쌀쌀맞은 어머니 백주또는 여전히 소천국을 용납하지 않고 웃송당 당오름에서 자식들을 거느리며 혼자 살고 있었다. 어쩔 수 없이 소천국은 알송당 고부니마를에서 예전처럼 청달피 윗도리에 흑달피 바지를 입고 늬눈이 반둥갱이를 데리고 다니며 꿩사냥이나 하고 있었다.

궤네깃도는 들판을 거슬러 비자림에 올라가서 대포를 쏘았다. 방포 소리가 천지를 진동하였다. 알송당 고부니마를에 있던 아버지 소천국과 웃송당 당오름의 어머니 백주또가 대포 소리에 화들짝 놀랐다. 사람들한테 사연을 물으니,

"세 살 때 죽으라고 무쇠상자에 담아 띄워버린 아드님이 수천 군사를 거느리고 아버지, 어머니를 치러 들어옵니다."
하고 아뢰는 것이었다.

"그게 무슨 말이냐? 여섯째 아들놈, 무쇠상자에 갇힌 궤네깃도 그놈이 귀신이 아닌 한 살아올 리가 있겠느냐?"

말이 채 끝나기도 전에, 큰 소리를 내며 여섯째 아들 궤네깃도가 송당리에 나타났다.

"아버지, 어머니, 그간 안녕하셨습니까!"

그 위풍당당한 모습에 겁이 난 아버지는 황급히 도망치다 바위에 부딪쳐 팩 죽었고, 어머니 백주또 역시 얼떨결에 도망치다가 길가에 고꾸라져 꼴깍 숨이 넘어가버렸다.

궤네깃도는 할로영산의 짐승들을 잡아 부모에게 제를 지

낸 후, 각각 웃송당 알송당의 당신(堂神)으로 좌정시켜 매해 정월 열사흗날 제사를 받아먹도록 했다.

"이제 너희들을 쓸 일이 없구나."

궤네깃도는 강남 천자국에서 데려온 군사들을 모두 타고 온 배에 태워 집으로 돌려보냈다.

할로영산에 천지왕 뜻이 이루어지다

궤네깃도는 그 후 부인과 함께 할로영산 구석구석을 돌 아다니다 김녕 궤네기굴에 들어 할로영산 수호신으로 좌정 했다.

소천국과 백주또에게는 일곱 명의 딸과 여섯 아들이 있었 다. 그들이 다시 자식들을 낳고 낳아 삼백일흔여덟으로 가 지가 벌어졌다. 크게 번진 이 자손들이 마침내 할로영산 땅 많은 마을에 좌정하여 각각 수호신이 되었다. 할로영산 땅 에 사는 이들은 모두 하늘의 신, 땅의 신 등 1만 8,000신들의 가호를 입어 내내 평안하고 행복했으니 이는 천지왕의 뜻이 이 땅에 구현된 증표였다.

"다 이루었다."

지상을 굽어보던 천지왕은 마침내 흡족한 목소리로 말

했다.

"저 할로영산 꼭대기를 땅의 하늘궁전으로 삼으리라."

천상천하를 관장하는 신들이 1년에 한 번씩 할로영산 꼭대기에 모여 인간사의 모든 것을 논의하자는 것이다.

"모이는 시기는 언제면 좋겠습니까?"

대별왕이 묻자 천지왕은,

"소별왕이 정해보아라."

지상을 관장하는 소별왕에게 주문했다.

"대한 후 닷새째부터 입춘 전 사흘까지 약 일곱 날 동안이면 좋겠습니다. 이때는 새로운 일 년이 시작되는 중요한 시기이고 농한기에 해당합니다. 바쁜 농사철에 일손을 뺏기지 않고 집수리나 이사를 하려면 이때가 가장 알맞은데, 때맞춰 신들이 자리를 비워주면 더욱 좋지 않겠습니까."

"그렇구나. 사람들이 신들에 정성을 쏟는 일도 가끔은 쉴 필요가 있으니. 허허."

천지왕은 무릎을 치며 웃었다. 그 말을 듣고 대별왕이 아뢴다.

"물론이옵니다. 사람들은 때로 신들의 간섭을 받지 않고, 스스로 뭔가를 결정할 수 있기를 원하기도 하는 것이옵지요."

그렇게 결정된 날을 사람들은 '신구간'이라 불렀다. 새해에 걸맞게 묵은 신이 새로운 신과 교체되는 시기라 여긴 것이다.

궤네깃도는 1년에 한 번씩 이 신구간에 할로영산 꼭대기에 올랐다. 땅의 하늘궁전에 신들이 모여들려면 누군가 그 신들을 초청해야 하기 때문이다. 할로영산 영웅이요 할로영산 수호신인 궤네깃도가 기꺼이 그 임무를 맡았다.

신비한 구름에 싸인 할로영산 꼭대기에 오른 궤네깃도는 천지사방을 향해 힘껏 소리쳤다.

하늘과 땅을 가른 천지왕이시여

저승 다스리는 대별왕이시여

이승 다스리는 소별왕이시여

생불꽃 주는 삼승할망이시여

서천꽃밭 다스리는 할락궁이시여

사라대왕이시여

무조 잿부기 삼 형제시여

전상 차지신 가믄장아기시여

농경신 자청비시여

문도령이시여

목축신 정수남이시여

일문전신 녹디생인이시여

이승차사 강님 차사시여

장수신 명감이시여,

고방 부신 칠성아기시여

모두모두 오십시오

할로영산 꼭대기

할로영산 궤네깃도 청하옵니다

세상 모든 사람들의 존경과 사랑으로

청하옵니다

신들이시여

할로영산 땅 구석구석 수호신들

1만 8,000신이시여

모두모두 오십시오

할로영산 꼭대기

땅의 하늘궁전으로

나오며

201×년 9월 어느 날, 나는 견딜 수 없는 흉통에 시달렸다. 가슴이 너무나 아파서 '이렇게 아플 것이면 차라리 죽는 게 낫다'는 생각까지 들 정도였다. 그 후 어찌어찌 병원 응급실에 실려 가게 되었는데, 응급실에 들어서자마자 정신을 잃고 말았다. 병원에서는 긴급 구내방송을 했다 한다.

"심폐소생술을 할 수 있는 의사, 간호사는 지금 즉시 응급실로 오시기 바랍니다!"

응급실에 도착하는 순간 내 심장이 멎은 모양이었다.

그래도 나는 살아났다. 어떻게 살아날 수 있었을까? 아마

도 하늘의 뜻이겠지, 하고 말 것을 『제주 신화』를 쓰고 나니
그 생사의 기로에서 분주히 움직였을 '하늘궁전'의 모습이
구체적으로 그려지는 것이었다.

李 모의 심장이 멎었다는 보고가 대별왕에게 올라갔다.
대별왕은 李 모를 저승세계로 맞이하게 위해 강님 차사에게
혼정을 데려오라 명한다. 강님이 지상에 내려가기 전 동자판
관에게 李 모의 정명을 확인해보라 하니, 놀랍게도 저승장적
으로는 아직 때가 이르지 않았다는 것이다. 죽지 말아야 할
사람이 죽게 되었으니 큰일 났다.

강님의 보고를 들은 대별왕은 긴급히 삼승할망에게 말
한다.

"李 모가 아직 정명에 이르지 않았으니, 멈춘 심장을 도로
살려놓아야 할 것이오."

삼승할망은 곧 곁에 있는 사라대왕에게 이를 전하고, 사
라대왕은 아들인 꽃감관 할락궁이한테 명했다.

"李 모를 빨리 살려내라."

할락궁이는 서천꽃밭의 도환생꽃을 꺾어 품에 넣고 즉시
귁새를 타고 지상에 내려온다. 李 모는 칠성판 같은 데 누워
숨도 쉬지 않고 있다. 할락궁이는 귁새를 탄 채 李 모의 심장
위에 도환생꽃을 올려놓고, 칠성판을 손으로 탁 쳤다.

李 모가 부스스 깨어난다.

"아, 봄잠이라 너무 잤구나!"

이렇게 '하늘궁전' 신들의 배려로 나는 살아난 것이다.

이 책을 읽는 모든 독자들에게도 부디 신들의 가호가 가득하기를!

2016년 4월

이석범/소설가

참고문헌

고대경, 『신들의 고향』, 1997, 중명

김유정, 『제주의 무신도』, 2000, 파피루스

서대석, 『한국의 신화』, 1997, 집문당

신동흔, 『살아 있는 우리 신화』, 2004, 한겨레신문사

신화아카데미, 『세계의 영웅신화』, 2002, 동방미디어

신화아카데미, 『세계의 창조신화』, 2001, 동방미디어

장주근, 『풀어쓴 한국의 신화』, 2000, 집문당

제주전통문화연구소, 『제주도큰굿자료』, 2001, 각

조동일, 『동아시아 구비서사시의 양상과 변천』, 1997, 문학과지성사

진성기, 『신화와 전설』, 2001, 제주민속연구소

진성기, 『제주도 무가본풀이 사전』, 1991, 민속원

칠머리당굿보존회, 『제주도 무속신화』, 1998, 파피루스

현길언, 『제주도 이야기』, 1997, 창작과비평사

현용준, 『무속신화와 문헌신화』, 1992, 집문당

현용준, 『제주도 무속과 그 주변』, 2002, 집문당

현용준, 『제주도 신화』, 1996, 서문당

황루시, 『팔도굿』, 2001, 대원사

김정숙, 「제주도신화 속의 여성원형 연구」, 제주대교육대학원 석사논문, 2000

문무병, 「제주도 당신앙 연구」, 제주대대학원 박사논문, 1993

양영수, 「제주 신화에 나타난 공존과 사랑의 원리」, 제주도연구 제 14집, 1997

양영수, 「제주와 중국 및 그리스 신화의 비교」, 동아시아연구논총 11, 2000

이수자, 「제주도 무속과 신화 연구」, 이화여대대학원박사논문, 1989

제주 신화 2

펴낸날	초판 1쇄 2016년 4월 30일

엮은이	이석범
펴낸이	심만수
펴낸곳	(주)살림출판사
출판등록	1989년 11월 1일 제9-210호

주소	경기도 파주시 광인사길 30
전화	031-955-1350 팩스 031-624-1356
홈페이지	http://www.sallimbooks.com
이메일	book@sallimbooks.com

ISBN	978-89-522-3368-4 04080

이 도서의 국립중앙도서관 출판시도서목록(CIP)은 서지정보유통지원시스템 홈페이지
(http://seoji.nl.go.kr)와 국가자료공동목록시스템(http://www.nl.go.kr/kolisnet)에서
이용하실 수 있습니다.(CIP제어번호: CIP2016010552)

376 좋은 문장 나쁜 문장 `eBook`

송준호(우석대 문예창작학과 교수)

어떻게 좋은 문장을 쓸 수 있을 것인가? 우선 좋은 문장이 무엇이고 그렇지 못한 문장은 무엇인지 알아야 할 것이다. 대학에서 글쓰기 강의를 오랫동안 해 온 저자가 수업을 통해 얻은 풍부한 사례를 바탕으로 문장교육을 제대로 받지 못한 독자들에게 좋은 문장으로 가는 길을 제시하고 있다.

051 알베르 카뮈 `eBook`

유기환(한국외대 불어과 교수)

알제리에서 태어난 프랑스인, 파리의 이방인 알베르 카뮈에 대한 충실한 입문서. 프랑스 지성계에 혜성처럼 등장한 카뮈의 목소리는 늘 찬사와 소외를 동시에 불러왔다. 그 찬사와 소외의 이유, 그리고 카뮈의 문학, 사상, 인생의 이해와, 아울러 실존주의, 마르크스주의 등 20세기를 장식한 거대담론의 이해를 돕는 책.

052 프란츠 카프카 `eBook`

편영수(전주대 독문과 교수)

난해한 글쓰기와 상상력으로 문학사에 커다란 발자취를 남긴 카프카에 관한 평전. 잠언에서 중편 소설 「변신」 그리고 장편 소설 『실종자』와 『소송』 그리고 『성』에 이르기까지 카프카의 거의 모든 작품에 대한 해석을 담고 있다. 또한 이 책은 카프카의 잠언과 노자의 핵심어인 도(道)의 연관성을 추적하는 등 새로운 관점도 보여 준다.

271 김수영, 혹은 시적 양심 `eBook`

이은정(한신대 교양학부 교수)

힘과 새로움으로 가득 차 있는 김수영의 시 세계. 그 힘과 새로움의 근원을 알아보고 지금까지와는 다른 새로운 독법으로 그의 시 세계를 살펴본다. 그와 그의 시에 대해 깊은 애정을 가진 저자는 김수영의 이해를 위한 충실한 안내자 역할을 자처한다. 김수영의 시 세계를 향해 한 발 더 들어가 보고자 하는 독자들에게 유익한 책이다.

369 도스토예프스키　　eBook

박영은(한양대학교 HK 연구교수)

『카라마조프가의 형제들』과 『죄와 벌』로 유명한 러시아의 대문호 도스토예프스키. 그의 작품에 등장하는 생생한 인물들은 모두 그의 힘들었던 삶의 경험과 맞닿아 있다. 한 편의 소설 같은 삶을 살았으며, 삶이 곧 소설이었던 작가 도스토예프스키의 생의 한가운데 서서 그 질곡과 영광의 순간이 작품에 어떻게 드러나는지를 살펴본다.

245 사르트르 참여문학론　　eBook

변광배(한국외대 불어과 강사)

사르트르의 『문학이란 무엇인가』에서 전개된 참여문학론을 소개하면서 억압받는 자들을 위한다는 기치를 높이 들었던 참여문학론의 의미를 성찰한다. 참여문학론의 핵심을 이루는 타자를 위한 문학은 자기 구원의 메커니즘에 문제가 생겼을 때 이 문제를 해결하고, 그 메커니즘을 보충하는 이차적이고도 보조적인 문학론이라고 말한다.

338 번역이란 무엇인가　　eBook

이향(통역사)

번역에 대한 관심이 날로 늘어 가고 있다. 추상적이거나 어렵게 느껴지는 번역 이론서들, 그리고 쉽게 읽히지만 번역의 전체 그림을 바라보기에는 부족하게 느껴지는 후일담들 사이에 다리를 놓는 이 책은 번역의 이론과 실제를 동시에 접하여 번역의 큰 그림을 그리고자 하는 독자들에게 안성맞춤이다.

446 갈매나무의 시인, 백석　　eBook

이숭원(서울여대 국문과 교수)

남북분단 이후 북에 남았지만, 그를 기리는 많은 이들의 노력으로 백석은 현재 우리나라에서 가장 주목받는 시인 중 한 사람이다. 이 책은 시인을 이해하는 많은 방법 중 '작품'을 통해 다가가기를 선택한 결과물이다. 음식 냄새 가득한 큰집의 정경에서부터 '흰 바람벽'이 오가던 낯선 땅 어느 골방에 이르기까지, 굳이 시인의 이력을 들춰보지 않더라도 그의 발자취가 충분히 또렷하다.

053 버지니아 울프 살아남은 여성 예술가의 초상   eBook

김희정(서울시립대 강의전담교수)

자신만의 독창적인 글쓰기 방식을 남기고 여성작가로 살아남는
다는 것이 어떤 의미를 갖는지를 보여 준 버지니아 울프와 그녀의
작품세계에 관한 평전. 작가의 생애와 작품이 어우러지는 지점들
을 추적하는 방식으로, 모더니즘 기법으로 치장된 울프의 언어 저
변에 숨겨진 '여자이기에' 쉽게 동감할 수 있는 메시지들을 해명
한다.

018 추리소설의 세계

정규웅(전 중앙일보 문화부장)

추리소설의 역사는 오이디푸스 이야기까지 거슬러 올라간다. 저
자는 고전적 정통 기법에서부터 탐정의 시대를 지나 현대에 이르
기까지 추리소설의 역사와 계보를 많은 사례를 들어 재미있게 설
명하고 있다. 추리소설의 'A에서 Z까지', 누구나 그 추리의 세계로
쉽게 빠져들게 하는 책이다.

199 디지털 게임 스토리텔링   eBook

한혜원(이화여대 디지털미디어학부 교수)

디지털 시대의 새로운 이야기 양식을 소개한 책. 디지털 패러다임
의 중심부에 게임이 있다. 이 책은 디지털 게임의 메커니즘을 이
야기 진화의 한 단계로서 설명한다. 게임의 역사에 있어서 중요한
패러다임의 변화, 게임이라는 새로운 지평에서 펼쳐지는 새로운
이야기 양식에 대한 분석 등이 흥미롭게 소개된다.

326 SF의 법칙

고장원(CJ미디어 콘텐츠개발국 국장)

과학의 시대다. 소설은 물론이거니와 영화, 애니메이션, 만화, 게
임 등 온갖 형태의 콘텐츠가 SF 장르에 손대고 있다. 하지만 SF
콘텐츠가 각광을 받고 있는 것에 비해 이 장르에 대한 깊이 있는
이해를 도울 만한 마땅한 가이드북이 존재하지 않는다. 이 책은
이러한 아쉬움을 채워주기 위한 작은 출발점이 될 것이다.

eBook 표시가 되어있는 도서는 전자책으로 구매가 가능합니다.

(주)살림출판사

www.sallimbooks.com

주소 경기도 파주시 문발동 522-1 | 전화 031-955-1350 | 팩스 031-955-1355